Libby Barnett & Maggie Chambers

Reiki
Energie-Medizin

Andrea Pensel
Leuthener Straße 11
10829 Berlin

Libby Barnett & Maggie Chambers
in Zusammenarbeit mit Susan Davidson

REIKI
ENERGIE-MEDIZIN

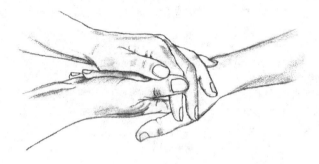

**Heilende Berührung für Praxis,
Krankenhaus, Beruf und zu Hause**

aus dem Amerikanischen von
Theo Kierdorf und Hildegard Höhr

SYNTHESIS

ANMERKUNG FÜR DEN LESER: Die Fallgeschichten in diesem Buch basieren auf Erfahrungen realer Menschen. Einige der Geschichten sind aus verschiedenen Vorkommnissen zusammengestellt worden. Um die Privatsphäre der Beteiligten zu schützen, wurden alle Namen geändert.

Das vorliegende Buch sollte nicht als Ratgeber für die Behandlung bestimmter Krankheiten benutzt werden. Es zeigt vielmehr Möglichkeiten, Reiki zusätzlich zu konventionellen Behandlungsmethoden einzusetzen. Im Krankheitsfall sollten die Leser unbedingt einen zugelassenen Behandler hinzuziehen.

Titel der amerikanischen Originalausgabe:
Reiki Energy Medicine:
Bringing healing touch into home, hospital and hospice

Copyright © 1996 by Healing Arts Press, Vermont, USA
Copyright © 1998 der deutschen Ausgabe:
SYNTHESIS Verlag, Postfach 14 32 06
D-45262 Essen

Alle Rechte der deutschen Ausgabe vorbehalten.

Cover: Dragon Design, England,
in Anlehnung an die Originalausgabe
Satz und Gestaltung: Dragon Design, England
Gesetzt aus der Goudy
Abbildungen:
Illustrationen und Fotos von Maggie Chambers;
außer S. 92, von Michael Rodanas und S. 95, unbekannt
Illustrationen im Anhang: Margaret Guay
Lektorat: Christian Andreas Hofer

ISBN 3-922026-85-0

Ohne Genehmigung des Verlages darf dieses Buch weder mechanisch, fotografisch, elektronisch oder phonographisch reproduziert noch in irgendeinem Retrieval-System gespeichert, noch für öffentliche oder private Zwecke kopiert werden. Lediglich kurze Passagen dürfen in Rezensionen zitiert werden.

Wir widmen dieses Buch in Liebe und Dankbarkeit
unseren Müttern

Emma Lee Bunting Missel
Margaretta Lackey Babb

Inhalt

Danksagung

*B*eim Schreiben dieses Buches wurden wir von vielen Menschen reich beschenkt, wir mußten uns allerdings auch vielen Herausforderungen stellen. Diese Arbeit hat uns gezwungen, eine Disziplin zu entwickeln, zu der wir ohne die unermüdliche Unterstützung unserer Familien nie in der Lage gewesen wären. Deshalb sind wir beide Libbys Mutter, Emma Lee Bunting Missel, zutiefst dankbar für ihre enthusiastische und verständnisvolle Hilfe beim Recherchieren wichtiger Hintergrundinformationen. Auch Maggies Mutter, Margaretta Lackey Babb, möchten wir für ihre großzügige Unterstützung danken. Weiterhin gilt der Dank unseren Vätern, Dr. phil. James F. Bunting und Dr. med. Dudley C. Babb, die uns gelehrt haben, anderen zu dienen und für uns selbst zu sorgen. Ebenso danken wir unseren Ehemännern: Tom für seine Unterstützung beim Recherchieren und Don für das Korrekturlesen, und beiden für ihren Humor und ihre Bereitschaft, alles Notwendige zu tun, damit Haushalt, Büroarbeit und Familie während unserer Arbeit an diesem Buch nicht zu kurz kamen. Natürlich möchten wir auch unseren Kindern Deborah, David,

Maria, Ben, Angus und Sophie für ihre Liebe und Inspiration danken. Deborah hat uns köstliche ayurvedische Mahlzeiten gekocht; David hat uns durch seinen Humor, seine Ermutigung und seine Anteilnahme an der Entstehung des Buches geholfen sowie auch dadurch, daß er Maria bei der Gestaltung eines wunderschönen und sehr inspirierenden japanischen Gartens unterstützte; Maria hat großzügig ihre Sommerferien geopfert, um auf ihre kleinen Geschwister aufzupassen, und außerdem wiederholt unser Manuskript gelesen – wobei sie uns immer wieder ermahnte, noch mehr Klarheit im Ausdruck zu entwickeln. Ben möchten wir für seinen Humor, seine Vorschläge und seine sachkundige Hilfe bei Computerproblemen danken; und Angus und Sophie danken wir dafür, daß sie es uns durch ein für ihr Alter außergewöhnliches Maß an Toleranz und Verständnis ermöglicht haben, uns intensiv auf die Arbeit an diesem Buch zu konzentrieren. Unser Dank gilt auch Tom, Deborah, Ben und Dorothy Meinhold für ihre unschätzbare Hilfe bei der Erledigung von Organisationsarbeiten. Buff danken wir dafür, daß er Maggie eine Chance gegeben und sie ausgebildet hat.

Wir erkennen die Traditionslinie der Reiki-Großmeister an: Mikao Usui, Chujiro Hayashi und Hawayo Takata sowie die derzeitige Linienhalterin Phyllis Lei Furumoto und den derzeitigen Head of Discipline Paul Mitchel. Hawayo Takata hat Barbara Lincoln McCullough zur Reiki-Meisterin ausgebildet, die wiederum Judy-Carol Stewart ausbildete. Von dieser hat Libby ihre Ausbildung erhalten, und Libby bildete Maggie aus. Auch allen Meistern und Meisterinnen der Reiki-Alliance, die sich dazu verpflichtet haben, das Usui-System der Reiki-Heilung zu verbreiten, möchten wir hiermit unsere Ehrerbietung bezeugen.

Unser herzlichster Dank gilt weiterhin Dr. Pamela Pettinati, die uns bei der Abfassung des Manuskripts großzügig mit ihrem medizinischen Fachwissen zur Seite gestanden und uns auch bei der Korrekturarbeit unterstützt hat. Dick Nevell und Susan Bartlett möchten wir für ihren Rat und ihre Ermutigung danken; beide haben uns vor allem in der Anfangsphase unserer Arbeit geholfen, uns über unsere Vorstellungen und die Zielsetzung unseres Projekts klarzuwerden.

Aus der großen Zahl derer, die auf verschiedene Weise an der Entstehung dieses Buches beteiligt sind, möchten wir die folgenden namentlich nennen: Jim Powers, D.C., Donna Sherry, P.C., Dom und Cindy DiSalvo, Jane Miller, Joyce Pereira, Coen Gootjes, Susanne Robinson, Jo Barginear, Erica Baern, Nancy Stillman, Marie Shanahan, R.N., Joyce Galy, R.N., Melissa Nelson, R.N., Dr. med. Don Catino, Lisa Olson, Calla Wells, MSW, M. Ed., Dr. med. Bettina Peyton, Cheryl Sterling und Carroll French.

Besonders dankbar sind wir natürlich auch unserer Lektorin Susan Davidson sowie Margaret Guay, von der die Zeichnungen im Anhang des Buches stammen. Auch unserem »Entdecker« Robin Dutcher-Bayer, mit dem dies alles begonnen hat, möchten wir ganz herzlich danken.

Schließlich gilt unser Dank allen Reiki-Schülern und Reiki-Meisterkandidaten, die uns als Lehrerinnen gewählt haben. Auch wir haben ungeheuer viel von ihnen gelernt. Ihre tiefe Zuneigung inspiriert uns seit vielen Jahren. Unser herzlicher Dank gilt zuletzt allen, die durch liebevolle Mithilfe und ihre Einwilligung zur Veröffentlichung ihrer Geschichten an der Entstehung dieses Buches beteiligt waren. Es ist uns eine überaus große Freude und Ehre, unseren Lesern in diesem Buch die alte und heilige Reiki-Heilkunst nahebringen zu können.

Wo wir herkommen

LIBBY

Seit der Kindheit bin ich von der CVJM-Philosophie meiner Eltern geprägt, deren Ziel es ist, Körper, Geist und Seele gesund zu erhalten, um auf diese Weise den Weltfrieden und das Verständnis aller Menschen füreinander zu fördern. Dieser Einfluß war eine wichtige Vorbereitung auf meine spätere Arbeit im sozialen Bereich. Ich bin auf der Simmons College School of Social Work ausgebildet worden und war anschließend als Sozialarbeiterin am Massachusetts General Hospital tätig. Obwohl mir meine Arbeit gefiel, wünschte ich mir oft, den Patienten etwas geben zu können, womit sie nach ihrer Entlassung selbst etwas für die Fortsetzung ihres Genesungsprozesses tun könnten. Ich habe viel darüber nachgedacht, wie dies erreicht werden könnte.

Von Reiki habe ich zum ersten Mal gehört, als eine Freundin von unserer Waldorfschule mich einlud, an einem Reiki-Kurs teilzunehmen. Aus irgendeinem Grund verspürte ich Interesse, diesen Kurs zu besuchen. Damals waren meine beiden Kinder fünf und zwei Jahre alt, und ich dachte mir, Reiki könnte mir vielleicht bei den für dieses Alter typischen Schnitt- und Schürfverletzungen nützliche Dienste leisten. Während des Kurses machte ich mir Sorgen, daß ich vielleicht nicht in der Lage sein würde, Reiki zu geben, weil ich keine Vorstellung davon hatte, was Energieheilung war. Mein Reiki-Lehrer John Harvey Gray versicherte mir jedoch, daß die Wirksamkeit der Reiki-Methode nicht davon abhängt, ob ich das, was dabei geschieht, intellektuell verstehe.

Meine ersten Erfahrungen mit Reiki entstanden, indem ich mich selbst, meine Kinder, meinen Mann und unseren Hund bei kleineren Verletzungen und Unpäßlichkeiten behandelte. Reiki wurde für uns alle in der Familie zu einer zuverlässigen Hilfe. Richtig hellhörig wurde ich jedoch erst, als mir die Schwestern im Krankenhaus sagten, das gebrochene Handgelenk meines Sohnes sei in zwei Dritteln der normalen Zeit geheilt. Nachdem ich den positiven Einfluß von Reiki innerhalb meiner eigenen Familie beobachten konnte, fing ich an, mir Gedanken darüber zu machen, wie sich diese Methode auf die therapeutische Arbeit mit Klienten auswirkt. Ich beschloß, bei einem Klienten, dessen Achillessehne gerissen war, eine Reiki-Behandlung durchzuführen. Dadurch wurde nicht nur der körperliche Heilungsprozeß beschleunigt, sondern der Patient erhielt auch mehr Klarheit und Einsicht bezüglich seiner emotionalen Probleme, unter denen er schon lange litt, so daß er diese schließlich lösen konnte.

Nach dieser ersten erfolgreichen Einbeziehung von Reiki in meine therapeutische Arbeit setzte ich die Methode bei anderen Patienten ein, wenn mir dies aussichtsreich erschien. Immer wieder machte ich die Erfahrung, daß die Reiki-Arbeit die körperliche Heilung und das spirituelle Wachstum meiner Patienten beschleunigte, so daß mir allmählich klarwurde, daß ich nun tatsächlich über etwas verfügte, das ich den Patienten am Massachusetts General Hospital mit auf den Weg geben konnte, wenn sie nach Hause entlassen wurden. Mittlerweile suchen mich Klienten ausdrücklich deshalb auf, weil ich Reiki-Behandlung mit psychotherapeutischer Arbeit verbinde.

MAGGIE

Reiki lernte ich kennen, als eine sehr enge Freundin mir nach der Geburt meines vierten Kindes eine Reiki-Behandlung gab. Da ich nach dieser Geburt völlig erschöpft gewesen war, fand ich es erstaunlich, wie gut ich mich plötzlich fühlte, nachdem mein Körper die Reiki-Energie begierig in sich aufgesaugt hatte. Meine Freundin sagte mir, auch ich könne diese Methode erlernen, und ich war begeistert über die Aussicht, meinen Mann und meine Kinder damit behandeln zu können. Reiki erwies sich als überaus nützlich bei den Problemen des familiären Alltags, doch völlig überrascht und hocherfreut war ich über den ungeheuer starken transformierenden Einfluß, den diese Arbeit auf meine innere Entwicklung hatte.

Reiki hat mir geholfen, mein Leben in neue Bahnen zu lenken, so daß Ausgeglichenheit, Harmonie und Ganzheit zu wichtigen Stützpfeilern meines Alltags geworden sind. Ich habe das Vertrauen entwickelt, nein zu Dingen zu sagen, die mein inneres Wachstum nicht fördern, und ich besitze die Stärke, Entscheidungen zu treffen, von denen ich weiß, daß sie richtig für mich sind. Je mutiger ich im Überprüfen meiner Überzeugungen und Gefühle wurde und je mehr ich mich bemühte, mein Leben mit dem in Einklang zu bringen, was für mich richtig war, um so stärker wurde mein Selbstvertrauen und mein Glaube an meine eigenen Fähigkeiten. So erlebte ich ein ungeheuer farbenprächtiges Erblühen meines Potentials und ein wirkliches Zu-mir-selbst-Kommen. Durch meine zunehmende Selbstsicherheit befreite ich mich zudem aus der Opferrolle, mit der ich mich vorher gequält hatte. Heute bereichert Reiki mein gesamtes Leben, meine Lehrtätigkeit ebenso wie meine künstlerische Arbeit und nicht zuletzt natürlich auch meine spirituelle Entwicklung.

Libby & Maggie

Als wir uns das erste Mal begegneten, bestand sofort eine tiefe Verbindung. Wir erkannten das gemeinsame Ziel, uns zum Nutzen unserer persönlichen Entwicklung immer mehr dem dynamischen Fließen der universellen Lebenskraft zu öffnen. Da wir feststellten, daß unsere Wertvorstellungen und Visionen bezüglich der Anwendung von Reiki zu Heilzwecken und zur Förderung des Wohls aller – unseres eigenen und desjenigen anderer Menschen – sehr ähnlich waren, bestanden für unsere Zusammenarbeit von Anfang an die besten Voraussetzungen. Aus der Erfahrung, die wir beim Lehren von Reiki in Institutionen der konventionellen Gesundheitspflege sammelten, entstand die Idee, gemeinsam das vorliegende Buch zu schreiben, in dem wir unseren Lesern vermitteln wollen, welche Rolle diese alte Heilkunst im modernen

Leben spielen kann. Die riesige Zahl von Heilungen und Verbesserungen der Lebensumstände infolge von Reiki-Behandlungen, die wir bei Klienten und Schülern miterlebt haben, zwingt uns geradezu, unsere Entdeckungen und Erkenntnisse über Reiki der Öffentlichkeit zugänglich zu machen.

Vorwort

Wir leben in einer Zeit großer Wandlungen. In der medizinischen Praxis beeinflußt eine Vielzahl von Kräften, angefangen von technologischen bis hin zu spirituellen, die Art, wie Ärzte und Institutionen ihre Patienten behandeln. Gerade weil heute der Einfluß technologischer Faktoren auf die medizinische Praxis so ungeheuer wächst, sollten wir als Helfer dafür sorgen, daß eines an Bedeutung gewinnt: die lebendige menschliche Beziehung zu den Patienten und Klienten – und natürlich auch der menschliche Umgang mit uns selbst. Diese Beziehung ist der wichtigste Faktor bei jener Integration des menschlichen Kontakts in den Heilungsprozeß, die heute als unumgänglicher Schritt von den hochtechnologischen Methoden hin zu einer menschlicheren und kostensparenden Medizin angesehen wird.

Die menschliche Beziehung ist die Grundlage jeglicher Kommunikation, auch der Übermittlung jener Gefühle und Sorgen, Hoffnungen und Ängste, die Patienten in besonders starkem Maße erleben. Nur eine echte Beziehung ermöglicht es den Helfern, ihren Patienten und Klienten Anteilnahme und Mitgefühl zu vermitteln. Die menschliche Beziehung ist ein wichtiges Werkzeug jeder Therapie, das leider nur zu oft vernachlässigt wird.

Vor mehr als fünfzig Jahren schrieb Dr. Francis Peabody im *Journal of the American Medical Association:* »Eine der wichtigsten Qualitäten eines Arztes ist sein Interesse am Menschen, denn das Geheimnis erfolgreicher ärztlicher Arbeit liegt darin, sich wirklich um den Patienten zu kümmern.«[1] Diese grundlegende Erkenntnis scheint irgendwann im Laufe des vergangenen Jahrhunderts in Vergessenheit geraten zu sein. Seither hat die moderne wissenschaftliche Medizin eine stürmische Entwicklung genommen, was dazu führte, daß sie zunächst Lungenentzündung, Tuberkulose, Kinderlähmung, Diphtherie, Pocken und andere uralte und weitverbreitete Krankheiten besiegte, die über Jahrhunderte das Leben unzähliger Menschen verkürzt oder stark beeinträchtigt hatten.

Nach der Bezwingung dieser uralten Seuchen und Plagen traten jedoch zunehmend Gesundheitsstörungen in den Vordergrund, die erst durch die ständig wachsende Lebenserwartung sowie durch die Entwicklung ungesunder Lebensgewohnheiten entstanden sind. Mittlerweile steht zweifelsfrei fest, daß sich einige der heute in den westlichen Industriestaaten so weit verbreiteten Todesursachen wie Herzinfarkt, Schlaganfall und Krebs durch Veränderung der Lebensweise weitgehend vermeiden ließen. Doch da das heutige medizinische und wissenschaftliche Establishment nach wie vor chirurgische und pharmazeutische »Lösungen« bevorzugt, hat sich die westliche Medizin bisher nur

unzureichend damit auseinandergesetzt, wie man den lebensstil-
bedingten Krankheiten durch weniger aggressive und vor allem
vorbeugende Behandlungsmaßnahmen begegnen könnte. Erst
seit sehr kurzer Zeit beginnt zumindest ein Teil der praktizieren-
den Mediziner zu erkennen, daß es außer den bisher berücksich-
tigten Determinanten der Gesundheit auch noch andere wichtige
Faktoren gibt.

Es gibt mittlerweile sogar schon eine Handvoll von
Visionären, die sich intensiv mit der Bedeutung der menschlichen
Beziehung in der medizinischen Betreuung auseinandersetzen.
Und aus neuesten Untersuchungsergebnissen geht eindeutig her-
vor, daß psychosoziale Faktoren im Gesundheitsbereich eine
wichtigere Rolle spielen, als zuvor angenommen wurde. Allmählich setzt sich die Erkenntnis durch, daß unser Denken und
Fühlen – ob wir uns umsorgt fühlen und unser Leben als sinnvoll
empfinden oder nicht –, eine nicht zu unterschätzende Wirkung
auf den Verlauf von Krankheiten haben. Diese Erkenntnis wird
mit Sicherheit tiefgreifende Auswirkungen auf die öffentliche
Gesundheitspflege sowie auf die medizinische Praxis und Ausbildung haben. Was wäre beispielsweise, wenn sich herausstellen
würde, daß die Qualität der Arzt-Patient-Beziehung den Heilungsprozeß ebenso stark beeinflußt wie alle unsere heutigen
medizinisch-technischen Innovationen und Interventionen? Ein
tieferes Verständnis dieses menschlichen Faktors würde zweifel-
los zu tiefgreifenden Veränderungen der medizinischen Praxis
und Ausbildung führen. Deshalb ist zu hoffen, daß dieser Aspekt

weiterhin eingehend erforscht werden wird. Dr. Rachel Naomi Remen, die Begründerin und Leiterin des Institute for the Study of Health and Illness, hat geschrieben: »Die Frage, die sich tatsächlich in diesen Untersuchungen verbirgt, könnte lauten: ›Gibt es so etwas wie eine lebensbestärkende Beziehung, und wenn ja, welche Beziehungen sind dann lebensbestärkend und welche nicht?‹ Die Antwort auf diese Frage könnte die gesamte Medizin grundlegend verändern.«[2]

Die heutige Gesundheitspflege schenkt der Rolle der menschlichen Beziehung beim Heilungsprozeß ganz offensichtlich zu wenig Beachtung. Da der rein »technologische« Fortschritt in der Medizin nach wie vor für wichtiger gehalten wird als Kompetenz im zwischenmenschlichen Kontakt, sollte es uns eigentlich nicht verwundern, daß zwar unsere Fähigkeiten im Umgang mit neuen, teilweise sehr komplizierten Behandlungsmethoden ungeheuer weit fortgeschritten sind, unsere Kommunikationsfähigkeiten damit jedoch nicht annähernd Schritt gehalten haben oder sich sogar stark zurückentwickelt haben. Dieser Mangel an psychosozialer Kompetenz hat zur Folge, daß sich Ärzte im normalen menschlichen Kontakt mit ihren Patienten oft sehr schwer tun und nicht in der Lage sind, über Dinge zu reden, die den Patienten wichtig sind. Oft nehmen sie sich einfach keine Zeit, um ihnen zuzuhören. Wenn aber die Gesundheitspflege zunehmend von einem System der Manager und »Türhüter« getragen wird, laufen wir dann nicht Gefahr, für immer jene Sinnhaftigkeit zu verlieren, die die Essenz jeder Heilung ist? Heilen ist eine der grundlegenden menschlichen Aktivitäten, die für die Beziehungen zwischen den Angehörigen eines Gemeinwesens eine wichtige Rolle spielt.

Um uns vor Augen zu führen, welches Risiko der Verlust liebevoller Beziehungen für unser aller Gesundheit und Wohlbefinden darstellt, müssen wir uns intensiver mit den derzeitigen Diskussionen über die Reform des Gesundheitswesens und über dessen Finanzierungsprobleme beschäftigen. Vielleicht sollten wir uns auch einmal gründlicher mit der Debatte über die Vor- und Nachteile der hochtechnologischen im Gegensatz zur »berührungsintensiven« Medizin befassen. Dr. Larry Dossey schreibt:

> Die Wurzel des Problems bildet die Tatsache, daß unsere Kultur der Heilung den Rücken zugewandt hat. Wir sollten uns nichts vormachen: Wir alle sind von einem rein technologischen Verständnis von Gesundheit und Krankheit wie hypnotisiert, und wir neigen dazu, das Versprechen der technologisch orientierten Medizin für bare Münze zu nehmen, daß sie jede nur erdenkliche Störung im Körper beseitigen kann. Aufgrund dieser allgemeinen Tendenz treten echte Heiler und echte Heilung zunehmend in den Hintergrund, und für diese Entwicklung bezahlen wir einen hohen Preis. Durch Ignorieren des Bewußtseins, der Seele, des Geistes und des Sinns ... haben wir eine erbarmenswürdige Situation geschaffen, unter der nicht nur die Heiler und jede echte Heilung, sondern auch Seele und Geist einer ganzen Kultur leiden.[3]

Glücklicherweise sind im Bereich der Gesundheitspflege mittlerweile einige positive Veränderungen zu beobachten, die uns das Wesen jeder Heilung wiederentdecken helfen. Um diese vielversprechenden neuen Entwicklungen geht es im vorliegenden Buch. *Reiki-Energiemedizin* will keine Techniken vermitteln, sondern die Intentionen und die Arbeit der beiden Autorinnen erläutern, die zu denen, die sich ihrer Hilfe anvertrauen, eine neue Art von Beziehung aufbauen möchten. Reiki ist ein Ansatz zur Neuentdeckung des Wesens von Beziehungen. Libby Barnett und Maggie Chambers versuchen uns in ihrem Buch einen Weg nahezubringen, der schon vielen Menschen Heilung gebracht hat, und uns ein Modell zur Integration alternativer Behandlungsmethoden in die schulmedizinische Gesundheitspflege vorzustellen. Die Autorinnen stellen die Reiki-Weisheit nicht als absolute Antwort dar, sondern als eine Möglichkeit, die viele Ärzte, Krankenschwestern und Pfleger in ihrem Umgang mit Krankheit, Schmerz und Leiden nutzen, weil sie sie als eine positive Ergänzung konventioneller Behandlungsmethoden ansehen.

Das Buch *Reiki-Energiemedizin* versucht alle in der Gesundheitspflege Tätigen in ihrem Bemühen zu unterstützen, dem höchsten Gut zu dienen: der Erhaltung und Stärkung des Lebens. Die Autorinnen vermitteln uns einen von Menschlichkeit geprägten Ansatz für die Arbeit im Gesundheitsbereich, indem sie darauf hinweisen, daß wir nicht nur wissenschaftlich gesicherten Resultaten Bedeutung beimessen, sondern alles aus dem Geist des

Mitgefühls und der Liebe heraus tun sollten. Durch diese Pforte müssen wir treten, um die heilende Beziehung wiederentdecken zu können.

Dr. med. Robert M. Rufsvold
Präsident und medizinischer Leiter der
Wellspring Foundation of New England
und des Wellspring-Krebshilfe-Programms
Lyme, New Hampshire

1

Universelle Lebenskraft:
das Grundprinzip der Gesundheit

*E*ine unsichtbare, aber spürbare Lebenskraft durchströmt alle Lebewesen. Diese Energie ist unendlich, grenzenlos und rein. Sie ist nicht greifbar und durchfließt uns unablässig. Unhörbar und unsichtbar erfüllt sie uns mit Frieden. Geruchlos und geschmacklos, erhält sie uns. Obgleich wir von ihr umhüllt sind und sie mit jedem Atemzug in uns aufnehmen, sind wir uns ihrer häufig nicht bewußt. Jedes Lebewesen lebt in diesem Kraftfeld und wird von ihm mit dem Atem des Lebens erfüllt.

Diese Lebenskraft ist die Essenz, die Formen Leben gibt. Sie ist die primäre, lebenschaffende Energie und die grundlegende kreative Intelligenz des Universums, die unsere Welt und alles in ihr organisiert. Alte Zivilisationen wußten bereits, daß diese Lebenskraft den menschlichen Körper durchströmt und seine optimale Entwicklung ermöglicht. Die Chinesen bezeichneten diese Energie als *Chi*, die Inder nannten sie *Prana*, und bei den Japanern hieß sie *Ki*.

Da es in unserer Kultur schon seit langem üblich ist, Geist, Körper und Seele als separate Phänomene zu verstehen, ist das

Konzept einer subtilen und gleichzeitig äußerst machtvollen Lebenskraft in der neueren westlichen Medizin unbekannt. Der westlichen Medizin ist es bis auf den heutigen Tag nicht gelungen, das Wesen und den Ursprung von *Chi, Prana* oder *Ki* auf eine im Sinne ihrer Methodik befriedigende Weise zu erklären, und wir verfügen in der westlichen Welt nicht einmal über ein adäquates Wort für diese Energie. Es hat immer wieder Versuche gegeben, die Lebensenergie mit westlichen wissenschaftlichen Methoden zu messen. Man hoffte dadurch, das Konzept der Lebensenergie größeren Kreisen näherbringen zu können, weil die Mehrheit der Menschen in der westlichen Welt objektiven Testergebnissen stärker vertraut als der eigenen subjektiven Erfahrung. Obwohl alle bisherigen Versuche einer objektiven Messung fehlgeschlagen sind, ist und bleibt die Lebensenergie allgegenwärtig. Sie existiert in uns allen und überall, und ihr Einfluß auf unseren Körper, unseren Geist und unsere Gefühle ist immens. Unsere Vorfahren waren davon überzeugt, daß es dem Wirken der Lebensenergie zuzuschreiben war, wenn ein Mensch sich im Zustand körperlich-seelischen Gleichgewichts und emotionaler Ausgeglichenheit befand.

Reiki ist eine Methode, mit deren Hilfe diese universelle Energie mit den körpereigenen Heilungskräften des Menschen verbunden werden kann. Die Reiki-Methode, die Mitte des 19. Jahrhunderts von Dr. Mikao Usui, einem japanischen Mönch und Lehrer, wiederentdeckt wurde, hat ihren Ursprung in tibetischen Sutras sowie in uralten kosmologischen und philosophischen Schriften. Reiki übermittelt durch Handauflegen die universelle

Lebensenergie. Die dadurch bewirkte Wiederherstellung des physischen, mentalen und emotionalen Gleichgewichts kann die herkömmlichen schulmedizinischen Therapiemethoden ausgezeichnet ergänzen.

Die biologische Intelligenz, die unseren Körper bei der Heilung von Schnittverletzungen und Knochenbrüchen unterstützt, die Atmung der Lunge aufrechterhält und auch den Sterbeprozeß erleichtert, wird durch Reiki unterstützt. Insofern könnte Reiki zu einer vielseitig einsetzbaren Ergänzung westlicher Behandlungsmethoden werden und einen wichtigen Anteil bei der Entstehung eines neuartigen Paradigmas ganzheitlicher Heilung verkörpern, welches dem Bewußtsein für die Körper-Geist-Einheit und den Präventivmethoden in der Gesundheitspflege eine wichtige Rolle einräumt. Wir, die Autorinnen dieses Buches, haben im Laufe der letzten sieben Jahre Ärzten, Krankenschwestern, Psychologen, Psychotherapeuten, Priestern, Nonnen, Physiotherapeuten, Beschäftigungstherapeuten und anderen Angehörigen helfender Berufe beigebracht, mit Reiki zu arbeiten. Einige im Gesundheitsbereich tätige Organisationen, die sich mittlerweile ernsthaft mit der Wirksamkeit alternativer Therapiemethoden befassen, beziehen Reiki bereits in die Ausbildung ihrer Mitarbeiter ein. Wir werden immer wieder von Institutionen gebeten, Reiki-Kurse für sie durchzuführen, und viele andere Einrichtungen senden ihre Mitarbeiter zu Reiki-Kursen, die wir selbst organisieren, und übernehmen oft für ihre Mitarbeiter die Teilnahmegebühren; hierzu gehören unter anderem: The Harvard Community Health Plan, das Medical Center of Central

Massachusetts, das Cedarcrest Residential Center for Handicapped Children, das Concord Regional VNA-Hospice House, das Wentworth-Douglass Hospital in Dover, NH, die Androscoggin Home Health Services, Lewiston, ME, das Englewood Hospital and Medical Center, Englewood, NJ, die VNA of the Greater Milford/Northbridge Area, Mendon, MA, das Emerson Hospital in Concord, MA, die Healthcare Therapy Services in Indianapolis, IN, das New London Hospital, NH, und das Southern New Hampshire Medical Center. In den Reiki-Kursen lernen diese Ärzte, Therapeuten, Pfleger und Krankenschwestern eine Methode, die sie sowohl in ihrer Arbeit mit Patienten und Klienten als auch zur Erhaltung ihrer eigenen Gesundheit und zur Förderung ihres persönlichen Wachstums nutzen können.

Das zentrale Medium der Reiki-Methode ist die Berührung, also etwas, das überall und immer angewandt werden kann, sofern dies als hilfreich erscheint. Weil Reiki nicht die Beherrschung komplizierter Techniken erfordert, können Praktiker vieler Disziplinen sie leicht in ihre Arbeit integrieren. Reiki erweitert die Heilfähigkeiten der Helfer und beeinflußt ihre eigene Gesundheit positiv. Zudem wird diese Methode mittlerweile auch oft zur Verbesserung der Kommunikation in Institutionen und zur Gesundheitserhaltung der Mitarbeiter eingesetzt.

Da es keine wissenschaftlichen Beweise für die Wirksamkeit von Reiki gibt, kann diese nur durch eigenes Erfahren glaubhaft werden. Wenn Sie herausfinden wollen, ob Reiki tatsächlich hält, was es verspricht, sollten Sie Reiki selbst erleben. Während der Reiki-Behandlung (siehe Anhang I und II) empfinden einige

Menschen eine tiefe Entspannung, andere haben sehr subtile Empfindungen. Manche merken überhaupt nichts. Doch abgesehen vom unmittelbaren Eindruck, den Reiki bei verschiedenen Menschen hervorruft, hat die Behandlung in jedem Fall eine Wirkung, auch wenn der Empfänger diese nicht sofort erkennt. Außerdem stellen sich die Resultate nicht unbedingt während der Reiki-Sitzung ein; die heilenden Veränderungen können sich auch erst im Laufe der Zeit manifestieren. Auf jeden Fall tritt eine Wirkung ein, und in vielen Fällen ist sie auch von Dauer.

Nachdem Jack in einer Reiki-Klinik eine Behandlung erhalten hatte, stellte sich bei ihm ein leichtes Gefühl der Entspannung ein. Ein Jahr später rief er in Panik die Klinik an, weil er gerade erfahren hatte, daß er an einem Eingeweidebruch litt, der einen chirurgischen Eingriff erforderlich machte. »Ich kann mir das gar nicht leisten. Ich habe keinerlei Krankenversicherung. Auch mein Bruder und mein Vater hatten solche Brüche, und bei meinem Bruder hat es sehr lange gedauert, bis er sich nach der Operation wieder erholt hatte. Ich bin selbständig und kann unmöglich so lange krank sein. Läßt sich so etwas durch Reiki heilen?« Wir erklärten Jack, daß sich die Wirkung von Reiki nie voraussagen ließe. Doch sei eine Reiki-Behandlung in jedem Fall zu empfehlen, weil er dadurch viel Lebensenergie in sich aufnehme, die ihn optimal auf den chirurgischen Eingriff vorbereite, und seine Genesung nach der Operation beschleunige. Da eine Serie von

Reiki-Behandlungen besser wirkt als eine einzelne Sitzung, vereinbarten wir gleich Termine für vier Sitzungen. Außerdem schlugen wir Jack vor, an einem Reiki-Kurs teilzunehmen, damit er sich zwischen den Sitzungen selbst mit Reiki behandeln könnte.

Tatsächlich nahm Jack an einem Reiki-Kurs teil. Nach dem einwöchigen Kurs meinte er: »Es war schön, und es war eine sehr tiefe Erfahrung.« Zwei Tage später sagte er die vier Behandlungstermine ab. Wir vermuteten, er hätte seine Hoffnung aufgegeben, weil er während des Kurses nicht besonders viel von den Reiki-Behandlungen gespürt hatte. Später erklärte er uns, er habe die Termine abgesagt, weil er von dem Bruch nichts mehr gespürt hätte. Wir baten ihn, trotzdem zum Arzt zu gehen, um von diesem zweifelsfrei feststellen zu lassen, daß der chirurgische Eingriff tatsächlich überflüssig geworden war. Tatsächlich fand der Arzt von dem Bruch keine Spur mehr.

Durch die Entspannungsreaktion fördert Reiki die Aktivität der körpereigenen Heilkräfte. Untersuchungen haben gezeigt, daß ein tiefer Entspannungszustand über eine Beeinflussung des autonomen Nervensystems den Blutdruck und die Pulsfrequenz senkt und außerdem Spannungs- und Angstzustände mildert. Dieser entspannte Zustand stärkt auch die Fähigkeit des Immunsystems, Bakterien und Viren abzuwehren, und stimuliert im Gehirn die Produktion von Endorphinen, das sind natürliche Opiate, die das Schmerzempfinden verringern und ein angenehmes

Allgemeingefühl erzeugen. So fördern die Reaktion auf die Reiki-Behandlung und das verbesserte Fließen der Lebensenergie die Heilung auf allen Ebenen.

Die durch Reiki übermittelte universelle
Lebensenergie regt die Selbstheilungskräfte an.

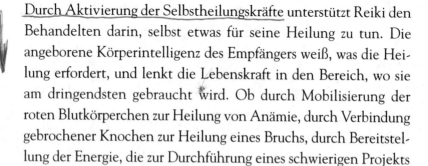

Durch Aktivierung der Selbstheilungskräfte unterstützt Reiki den Behandelten darin, selbst etwas für seine Heilung zu tun. Die angeborene Körperintelligenz des Empfängers weiß, was die Heilung erfordert, und lenkt die Lebenskraft in den Bereich, wo sie am dringendsten gebraucht wird. Ob durch Mobilisierung der roten Blutkörperchen zur Heilung von Anämie, durch Verbindung gebrochener Knochen zur Heilung eines Bruchs, durch Bereitstellung der Energie, die zur Durchführung eines schwierigen Projekts

30

gebraucht wird, durch Förderung der Klarheit, die zur Lösung eines Konflikts notwendig ist, oder durch die plötzliche Eingebung, zu einem Freund in Kontakt zu treten, mit dem wir lange nichts zu tun hatten – die universelle Lebensenergie wirkt immer auf eine Weise, die für die Heilung des Behandelten oder zur Verbesserung seiner Situation im betreffenden Augenblick besonders wichtig ist.

Die Reiki-Behandlung nimmt keine Manipulation am Körper vor, sondern besteht aus nichts anderem als der von der universellen Lebensenergie beseelten körperlichen Berührung. Berührung an und für sich kann, wenn sie nicht aufdringlich ist, eine sehr beruhigende und entspannende Wirkung haben. Reiki verbindet die heilende Kraft der Berührung mit der Wirkung der Lebensenergie. Zu dieser Energie nimmt der Reiki-Schüler durch eine Folge von Initiationen Kontakt auf, die die persönlichen Energiefelder des Betreffenden aufeinander abstimmen (mit diesen Energiefeldern werden wir uns in Kapitel 2 befassen). Durch die vier Reiki-Initiationen, die von Reiki-MeisterInnen übermittelt werden, treten die Empfänger in die von Dr. Usui begründete Tradition. Nach dem Erhalt der Initiationen steht die universelle Lebensenergie ihnen jederzeit zur Verfügung. Sie erhöht die Schwingungsfrequenz der persönlichen Energiefelder, was die Heilaktivität fördert. Die Initiierten können fortan sich selbst und anderen Reiki-Behandlungen geben; sie sind also nicht mehr auf andere angewiesen, um in den Genuß der positiven Wirkung einer Reiki-Behandlung zu kommen. Reiki fördert aber nicht nur die Wiederherstellung der Gesundheit, sondern regt auch die

Selbstheilung an und verbessert das Allgemeinbefinden. Deshalb ist Reiki in allen Alltagssituationen sehr nützlich.

Im Zusammenhang mit dem stark zunehmenden Interesse an bewußtseinserweiternden Ansätzen ist Reiki in der westlichen Welt sehr populär geworden. Immer mehr Menschen entdecken und nutzen die wunderbare Wirkung dieser Methode. Als Libby im Jahre 1971 am Massachusetts General Hospital in Boston in der Kinderheilkunde und Kinderpsychiatrie arbeitete, sprach weder sie noch irgendeine ihrer Kolleginnen über Energieheilung. Im Jahre 1995 jedoch war im gleichen Krankenhaus eine Geist-Körper-Medizin-Gruppe entstanden, die eine Konferenz organisierte, auf der Libby und andere Reiki-Praktiker Reiki vorstellten. Diese Veranstaltung wurde von mehr als 300 Krankenhausangestellten, Patienten und deren Angehörigen sowie von außenstehenden Interessenten besucht.

Während der Konferenz bat einer der Veranstalter Libby und einen Kollegen, einigen im Krankenhaus liegenden Krebspatienten Reiki-Behandlungen zu geben. Libby erinnert sich: »Es war sehr befriedigend für mich, Menschen Reiki zu geben, die dies wirklich zu schätzen wußten, und zu beobachten, wie die Behandlung den Patienten in sehr kurzer Zeit Linderung brachte. Wir behandelten sie jeweils 15 Minuten lang. Wir legten ihnen unsere Hände an Stellen ihres Körpers auf, die trotz der zahlreichen medizinischen Gerätschaften, die um ihr Bett herum standen und für die konventionelle Behandlung gebraucht wurden, leicht zugänglich waren. Auch einigen anwesenden Familienangehörigen dieser Kranken übermittelten wir Reiki-Energie. Durch die

Behandlung wurden das anspannungsbedingte Unbehagen und die Schmerzen der Kranken erheblich gelindert. Die Patienten fühlten sich besser, die Familienangehörigen fühlten sich besser, und das Krankenhauspersonal war uns dankbar für unsere Unterstützung.« Nachdem die Pfleger und Ärzte die Wirkung der Reiki-Behandlung auf die Patienten miterlebt hatten, begleiteten uns einige von ihnen in die Konferenz zurück, wo sie selbst eine halbstündige Reiki-Behandlung erhielten. Einige Wochen später nahm einer der Veranstalter der Konferenz an einem unserer Reiki-Kurse teil.

Reiki und die medizinische Revolution

Die konventionelle westliche Medizin beschäftigt sich viel intensiver mit den Faktoren, die zur Entstehung von Krankheiten beitragen, als mit der Klärung der Frage, was Gesundheit kennzeichnet. Die allopathische Medizin hat von jeher die Tendenz gehabt, Krankheiten als rein physische Störungen zu verstehen, die hauptsächlich durch Infektionen, falsche Ernährung, Umweltfaktoren und ererbte Prädispositionen verursacht werden und die man durch Entwicklung einer Behandlungsstrategie beseitigen kann. Obgleich sich Krankheiten zuweilen tatsächlich als klar umrissene Krankheitsbilder im physischen Körper manifestieren, beispielsweise in Form von Krebs, Lupus oder Arteriosklerose, wird in anderen Fällen nur in unserem mentalen und emotionalen Körper ein Zustand des Unwohlseins erkennbar, beispielsweise in Form von Angst, Depression oder Paranoia. Man

33

könnte Krankheit deshalb allgemeiner als ein Ungleichgewicht definieren, das die optimale Funktionsfähigkeit des Körpers, des Geistes und der Emotionen beeinträchtigt. Krankheit existiert nicht vom Körper getrennt, sondern sie ist der aus dem Gleichgewicht geratene Körper. Statt Krankheit als einen Eindringling anzusehen, der angegriffen und bezwungen werden muß, kann man sie auch als einen wichtigen Botschafter verstehen, der übermittelt, daß etwas zur Wiederherstellung der Homöostase im Körper getan werden muß.

Heilung ist eine Bewegung in Richtung Ganzheit, die einschränkende Gedanken sanft auflöst und es ermöglicht, alle Aspekte von uns selbst zu akzeptieren. Heilung ist ein Zustand achtsamen Lebens, des inneren Gleichgewichts und der Harmonie mit unserer Umgebung, verbunden mit dem Bemühen um authentischen Ausdruck in allen Lebensbereichen. In diesem Zustand des Gewahrseins erleben wir Humor, Vitalität, organisiertes Sein und Handeln, Kreativität, Flexibilität, intuitives Verstehen, Klarheit des Denkens, und wir nehmen uns an. All dies zusammen kennzeichnet einen Zustand höchsten Wohlbefindens.

Wenn wir den Menschen als ein dynamisches Energiesystem verstehen, kann Gesundheit für uns kein statisches Ziel sein. So wie die Wissenschaft gezeigt hat, daß die Welt mehr ist als nur Materie und der menschliche Körper mehr als eine Ansammlung von Teilen, die bestimmte Funktionen erfüllen, werden immer mehr Menschen neugierig auf die Wirkung subtiler Energien und die Rolle, die sie bei der Heilung spielen. Im Einklang mit dem neuerwachten Interesse am Einfluß des Geistes auf die körperliche

Gesundheit bemühen sich heute anerkannte medizinische Experten wie Herbert Benson, Joan Borysenko, Deepak Chopra, Barbara und Larry Dossey, David Eisenberg, Richard Gerber, Jon Kabat-Zinn, Ted Kaptchuk, Christiane Northrup, Mehmet Oz, Bernie Siegel und Andrew Weil, neue Modelle der Beziehung zwischen Geist und Körper zu formulieren.

Die Alternativmedizin, deren Interessentenkreis sich vor nicht allzulanger Zeit noch auf das Publikum von Bioläden und auf New-Age-Kreise beschränkte, wird heute ausführlich in den Medien diskutiert, und viele Bücher, die sich mit dieser Thematik befassen, erobern Plätze auf den Bestsellerlisten. In einer fünfteiligen Fernsehserie mit dem Titel »Heilung und Geist« beschäftigte sich Bill Moyers mit der alten medizinischen Tradition Chinas, deren Praktiker sich auf eine mysteriöse geistig-physische Energie mit Namen *Chi* berufen, die sowohl im Geist als auch im Körper zu finden ist und die die Grundlage aller Gesundheit bildet. Moyers präsentiert überzeugende Beweise für die Existenz einer engen und tiefen Verbindung zwischen Körper und Geist. Auch Deepak Chopra bezieht sich auf diese Verbindung, wenn er in einem seiner Bücher schreibt: »Unsere Zellen lauschen ständig unseren Gedanken und werden von letzteren verändert.« [4]

Im Jahre 1992 gründeten die National Institutes of Health auf Drängen des Amerikanischen Kongresses ein Büro für Alternativmedizin. Der Grund war der ständig steigende Kostendruck im Gesundheitswesen sowie der frustrierende Tatbestand, daß es bisher selbst mit neuesten schulmedizinischen Methoden nicht gelungen ist, eine große Zahl von Krankheiten – darunter AIDS,

Krebs, Arthritis, Rückenbeschwerden, Arteriosklerose und Herz-krankheiten – zu besiegen. Inzwischen sucht die um ihre Gesund-heit besorgte Öffentlichkeit selbst intensiv nach erfolgverspre-chenden Alternativen. Die Menschen der westlichen Welt wenden sich heute immer stärker alternativen Heilverfahren zu. Nach einer im *New England Journal of Medicine* veröffentlichten Untersuchung hat in den USA im Jahre 1990 ein Drittel der Bevölkerung Erkrankungen mit Hilfe alternativer Heilmethoden behandeln lassen und für diese Dienste fast 14 Milliarden Dollar ausgegeben, davon drei Viertel aus eigener Tasche.[5] Daß die Zahl der in alternativen Heilmethoden Ausgebildeten so schnell wächst und daß so viele Klienten ihre Dienste in Anspruch nehmen, zeigt

KollegInnen können einander kurze, informelle Reiki-Behandlungen geben.

36

deutlich, wie ernstzunehmen diese Entwicklung ist, deren Ausmaß sicherlich noch steigen wird.

Aufgrund der immer drängenderen Bemühungen um Kostensenkung im Gesundheitsbereich finden Alternativmethoden auch auf institutioneller Seite immer mehr Beachtung, weil sie relativ billig und in vielen Fällen offensichtlich wirksam sind. Eine Reihe von Kliniken und Hospizen, die die Rolle der Geist-Körper-Beziehung bei der Heilung untersuchen, die Behandlungsqualität verbessern und gleichzeitig die Kosten senken wollen, haben uns eingeladen, für ihre Mitarbeiter Reiki-Kurse durchzuführen. Wir waren immer wieder erfreut über die Offenheit der Leiter dieser Organisationen und über ihre Bereitschaft, die Grenzen des allopathischen Ansatzes zu überschreiten.

Am Dartmouth-Hitchcock Medical Center in New Hampshire haben die Fortbildungsabteilung und die hämatologisch-onkologische Abteilung die Durchführung eines Reiki-Kurses für examinierte Krankenschwestern und andere im Gesundheitswesen New Englands Tätige organisiert. Viele Ärzte und PflegerInnen haben nach der Teilnahme an diesem Kurs gesagt, sie hätten trotz ihres intensiven Engagements immer das Gefühl gehabt, die Interaktion mit den Patienten leide unter irgendeinem Manko. Dieses fehlende Element lieferte ihnen Reiki. Nach dem Kurs wurde ihnen klar, daß sie nun nicht nur über ein hochwirksames Werkzeug verfügten, um das innere Gleichgewicht ihrer Patienten wiederherzustellen und eine von Mitgefühl geprägte Beziehung zu ihnen aufzunehmen – beides Faktoren, die sich positiv auf ihre berufliche Praxis auswirkten –, sondern daß Reiki auch eine günstige Wirkung auf ihr eigenes Wohlbefinden hatte. Einige Teilnehmer hatten durch den Reiki-Kurs gemerkt, wie wichtig es für sie war, sich auch um das eigene Wohl zu kümmern. Aufgrund der großen Teilnehmerzahl und der überwältigend positiven Reaktion entschlossen sich die Veranstalter, noch einen weiteren Kurs anzubieten. Auch die Teilnehmer dieses zweiten Kurses waren begeistert.

Am Medical Center of Central Massachusetts hatte das Personal der Anästhesie beobachtet, daß sich die Zeitspanne, die Patienten in der postnarkotischen Nachsorge verbringen mußten, sowie die Gesamtdauer des Krankenhausaufenthalts durch Hypnotherapie und therapeutische Berührung verkürzen ließen. Die Narkoseschwestern besuchten den Reiki-Kurs, um sich mit weiteren Aspekten der Geist-Körper-Beziehung auseinanderzusetzen. Wenn Mediziner und Pflegepersonal Reiki in die medizinische Arbeit einbeziehen, empfinden die behandelten Patienten häufig weniger Schmerzen und Ängste, benötigen weniger Medikamente und genesen in kürzerer Zeit.

Mit Beginn der neunziger Jahre sind wir in das Energie-Informations-Zeitalter eingetreten. Aufgrund der fortschreitenden Globalisierung unserer Welt und der unablässigen Veränderung ihrer Paradigmen ist es wichtig für uns, flexibel zu bleiben, denn nur dann können wir die vielen Veränderungen, mit denen wir heute konfrontiert werden, bewußt registrieren. Der positive Verlauf unserer Entwicklung hängt davon ab, ob es uns gelingt, den analytischen Geist mit dem empfindenden Gewahrsein zu verbinden.

Tagtäglich, ja sogar in jedem Augenblick können wir uns entscheiden, wie wir mit dem nie versiegenden Strom neuer Informationen umgehen wollen, mit dem wir unentwegt konfrontiert werden. Und ebenso wie Krankheitskeime schon vor der Erfindung des Mikroskops existierten, ist die Existenz der subtilen, feinstofflichen Energie nicht von deren Nachweis durch wissenschaftliche Methoden abhängig. Nachdem Joseph Lister der Öffentlichkeit seine ersten Erkenntnisse über Bakterien präsentiert hatte, dauerte es noch zehn Jahre, bis man sich im John-Hopkins-Hospital durchringen konnte, bei chirurgischen Eingriffen Gummihandschuhe anzuziehen. Wir alle haben die Wahl, ob wir uns so innovativ wie Lister oder so fortschrittsfeindlich wie seine Kollegen verhalten wollen. Alle, die in der Gesundheitspflege arbeiten, können sich jener Avantgarde anschließen, die versucht, Körper, Seele und Geist in ihre Bemühungen um die menschliche Gesundheit einzubeziehen. Reiki kann einen wichtigen Beitrag zur Verwirklichung dieser Zielsetzung leisten.

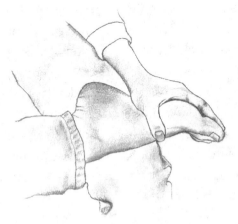

2

Die einzigartige Kraft von Reiki

$\mathcal{I}$n unserer Kultur werden wir konditioniert, uns über alles, was uns interessiert, zuerst rein intellektuell zu informieren und das so erworbene Wissen durch Anwendung zu überprüfen. Das Bedürfnis unseres Geistes, sich Wissen anzueignen, konfrontiert alle, die Reiki lehren wollen, mit einem interessanten Problem. So wie ein Computerprogramm, das nach einer bestimmten Datei sucht, versucht das menschliche Gehirn, neue Informationen mit etwas in Verbindung zu bringen, das es bereits kennt und versteht. Da das Konzept einer universellen Lebensenergie den meisten Menschen des Westens unbekannt ist, erweisen sich die Bemühungen westlicher Reiki-Schüler, das Phänomen der Energieheilung mit Bekanntem in Verbindung zu bringen, als vergeblich. Ihr Gehirn reagiert entweder verwirrt oder verbindet das Konzept der Reiki-Energie mit etwas, das nichts mit Reiki zu tun hat. Aufgrund dieses Dilemmas ziehen wir in unserem Buch immer wieder Vergleiche und Geschichten heran, um die Wirkungen von Reiki zu erklären und sein Wesen dem Geist des Lesers näherzubringen.

Quantenphysiker entwickeln Theorien über die Bewegung und Transformation von Energie, die traditionelle Erklärungsmodelle über die Beschaffenheit des Universums in Frage stellen. Durch die faszinierenden Modelle dieser Wissenschaftler wird das menschliche Bewußtsein allmählich zu einem neuartigen Verständnis unserer physischen Welt einschließlich der Materie unseres menschlichen Körpers gelangen. Da das Phänomen der Energieheilung im Rahmen des mechanischen Weltmodells nicht zu erklären ist – jenes Modells, das während der letzten vierhundert Jahre allgemein als gültig angesehen wurde –, ermahnen wir die Teilnehmer unserer Reiki-Kurse, bei dem Bemühen, ihre Reiki-Erfahrungen mit ihren sonstigen Erfahrungen und mit ihrem Weltbild in Einklang zu bringen, geduldig zu bleiben. Wenn unser Gehirn versucht, das Geschehen um jeden Preis zu analysieren, übersieht es nur zu leicht die Botschaften des Körpers.

Die bloße Tatsache, daß das Gewahrsein eines Menschen sich nicht auf die Aktivitäten der Peptide, Rezeptoren und Zellen konzentriert, macht die Existenz dieser biophysischen Phänomene nicht weniger wichtig für ein reibungsloses Funktionieren des Körpers. Ebensowenig macht unsere Unfähigkeit, genau zu erklären, wie der Fluß der universellen Lebensenergie im Körper unsere Gesundheit erhält, die universelle Lebensenergie nicht unwirksam. Deshalb empfehlen wir allen ernsthaft an Reiki Interessierten, vom reinen Analysieren des Geschehens abzusehen und statt dessen ihre Körperempfindungen zu beobachten – wir haben selbst erfahren, daß das bloße Beobachten weitaus fruchtbarer ist als die Analyse. Weil der Weg des Wissens, dem in unserer Kultur eine so große Bedeutung beigemessen wird, auf der Hervorhebung des »Faktischen« basiert, werden Empfindungen, die sich nicht exakt messen lassen, bei der Ermittlung der Wirksamkeit einer therapeutischen Methode nicht als verläßliche Informationen akzeptiert. Die westliche Gesellschaft billigt der Empfindung als primärer Wahrnehmungsmodalität keine besondere Bedeutung zu. Doch Erfahrung ist nun einmal Empfindung, und unsere körperlichen Erfahrungen können wir nicht leugnen.

Wenn Menschen unaufhörlich rein intellektuelle Fragen über Reiki stellten, pflegte Hawayo Takata, eine der Großmeisterinnen der Usui-Tradition, derartige Diskussionen zu unterbinden, indem sie sagte: »Machen Sie einfach Reiki! Machen Sie Reiki!« Sie wußte, daß die Übenden durch das Erfahren der universellen Lebensenergie die Wirksamkeit dieser alten Heilungsmethode schließlich körperlich »begreifen« würden.

Bei der Annäherung an jede neuartige Erfahrung spielt unsere persönliche Eigenart eine Rolle. Wenn wir uns entscheiden, im Bannkreis unserer einschränkenden Überzeugungen zu bleiben, betrügen wir uns um eine authentische Erfahrung. Falls unser Geist der Ansicht ist, irgend etwas sei es nicht wert, sich damit zu beschäftigen, können wir uns um eine wichtige Wachstumschance bringen. Wir fordern unsere Reiki-Schüler immer wieder auf, sich ihren Sinnen gegenüber tolerant zu verhalten, indem sie ihre Erfahrungen einfach registrieren, ohne zu urteilen, zu vergleichen oder wissen zu wollen, wie es gerade zu dieser Erfahrung gekommen ist. Dieser Umgang mit der Reiki-Erfahrung entspricht dem, was im Zen-Buddhismus Anfängergeist genannt wird: der Bereitschaft, allen Möglichkeiten gegenüber offenzubleiben, ohne um jeden Preis alle Antworten finden zu wollen.

Wenn Kursteilnehmer Reiki zu verstehen suchen, tauchen gewöhnlich Fragen auf wie: »Was ist Reiki eigentlich?« oder: »Was kann Reiki bewirken?« Solche Fragen stellen viele Teilnehmer der Reiki-Kurse, die wir für in der Gesundheitspflege tätige Institutionen durchführen. Wenn diese Teilnehmer dann ihre ersten eigenen Erfahrungen mit Reiki machen, beruhigt sich ihr Intellekt. Haben sie selbst erst einmal erfahren, wie die Lebensenergie durch ihre Hände in den eigenen oder in den Körper ihrer Kollegen fließt, nimmt ihr Verlangen, das Geschehen zu begreifen, deutlich ab. Obgleich sie weder messen noch anderweitig quantifizieren können, was geschieht, können sie ihre sinnliche Erfahrung, *daß* etwas geschieht, nicht leugnen.

Energetische Veränderungen, wie die Reiki-Behandlung sie hervorruft, betreffen oft nichtmaterielle Ebenen. Deshalb sind sie manchmal schwer wahrzunehmen. In jedem Fall kommt jener Bereich in den Genuß der Heilung, der für den Empfänger der Behandlung von höchster Priorität ist – im Einklang mit der holistischen Ordnung des Universums. Die Auswirkungen einer Reiki-Sitzung sind manchmal physisch spürbar, sie können aber auch in einer Veränderung der allgemeinen Einstellung, einer kreativen Erkenntnis, der plötzlich auftauchenden Lösung eines unbewältigten Problems oder in Form vieler anderer nichtphysischer Phänomene zum Ausdruck kommen. Den Erfolg einer Therapiemethode beweist nicht nur die statistische Auswertung von

Untersuchungsergebnissen, sondern in erster Linie die tatsächliche physische, mentale und emotionale Erfahrung des Klienten.

Da sich Wesen und Wirkung von Reiki mit quantitativen Analysemethoden noch nicht feststellen lassen, ist die *Reiki-Energiemedizin* aus der Perspektive der westlichen Schulmedizin ein Buch mit sieben Siegeln. Die westliche Medizin interessiert sich grundsätzlich nicht für Phänomene, die innerhalb ihres auf Funktionen basierenden Denkmodells unerklärbar sind. Da die Wirkungen, die Reiki hervorruft, aus der Perspektive der Schulmedizin häufig ungewöhnlich erscheinen, wird Reiki von den Verfechtern dieses Ansatzes generell in die Kategorie des Unerklärlichen eingeordnet. Das Büro für Alternativmedizin der amerikanischen Bundesregierung finanziert Forschungsprojekte, die die Wirksamkeit alternativer Heilmethoden objektiv nachweisen sollen. Eine seriöse wissenschaftliche Untersuchung der Reiki-Methode wird jedoch mit Sicherheit erst möglich sein, wenn die derzeit übliche Untersuchungspraxis erheblich verfeinert worden ist. Aufgrund des Mangels an fundierten Untersuchungsergebnissen über die Auswirkungen von Reiki-Behandlungen können wir in unserem Buch nur auf charakteristische Berichte zurückgreifen, die unseren Lesern veranschaulichen sollen, daß und wie Reiki tatsächlich wirkt.

Einen der ersten Versuche, die Wirkung von Reiki zu dokumentieren, hat Wendy Wetzel, R.N., im Rahmen ihrer Magisterarbeit an der Sonoma State University durchgeführt. In dieser Studie heißt es: »Bei Teilnehmern an der Reiki-Ausbildung für den ersten Grad wurde in den ersten 24 Stunden [nach der

Initiation] durch Messung der Hämoglobin- und Hämatokrit-Werte, die im Bereich P = .o1 signifikant sind, eine deutliche Veränderung der Sauerstoffaufnahmefähigkeit [des Bluts] festgestellt.« Die Untersuchung kommt zu dem Schluß: »Reiki scheint sehr positive Auswirkungen auf den Genesungsprozeß zu haben. ... Die Methode könnte in alle Bereiche der Krankenpflege integriert werden. ... Sie verbindet uns bei unserer Pflegearbeit mit einer universellen Kraft. ... Sie kann das Burn-out-Syndrom und andere berufsbedingte Streßphänomene verringern. Reiki könnte allen im Pflegeberuf Tätigen bei ihrer Arbeit zugute kommen.«[6]

Da Reiki mittlerweile immer bekannter wird, werden wir wohl in Zukunft mehr Fakten zur Verfügung haben, um unseren stets nach Erklärungen hungernden Intellekt zufriedenstellen zu können. Larry Dossey erklärt in seinem Buch *Heilende Hände,* Untersuchungen über die lindernde Wirkung des Gebets bei tödlichen Erkrankungen und die positiven Auswirkungen des Betens bei chirurgischen Eingriffen hätten ergeben, daß die genaue Wirkungsweise des Betens zwar nach wie vor ungeklärt ist, der Nutzen dieser Praxis jedoch kaum angezweifelt werden kann. Ebenso wie das Gebet läßt sich auch Reiki noch nicht vollständig erklären, aber es hat sich ungeachtet dessen immer wieder als Ergänzung schulmedizinischer Behandlungsmethoden bewährt.

Nachdem die Teilnehmer eines Reiki-Kurses mit der praktischen Arbeit begonnen haben, erleben sie das Gefühl, von der universellen Lebensenergie durchflossen zu werden. Diese Erfahrung hilft ihnen, mit der Reiki-Praxis fortzufahren, bis sie zu der Gewißheit gelangt sind, daß Reiki tatsächlich »funktioniert«.

Durch ihre persönlichen Erfahrungen und durch die vielen Berichte, die sie hören, entwickeln die Kursteilnehmer eine neue Sichtweise, in der Reiki einen Platz hat.

Der achtjährige Bobby erlitt bei einem Skiunfall einen Schädelbruch und starke innere Blutungen. Er wurde mit dem Hubschrauber aus der kleinen lokalen Unfallstation in ein größeres Krankenhaus transportiert. Bobbys Mutter, Mary, die gelernt hatte, Reiki-Behandlungen zu geben, legte Bobby während des Hubschrauberfluges ihre Hände auf. Auch während der Erstversorgung nach der Ankunft im Krankenhaus blieb sie in Bobbys Nähe und hielt an seinen Füßen und Unterschenkeln Kontakt zu ihm, ohne die Arbeit der Ärzte zu behindern. Auch sich selbst legte sie die Hände auf, um sich nach dem erlittenen Schock mit Reiki-Energie zu beruhigen. Später erzählte eine der Schwestern Libby, der Pilot habe gesagt: »Sie glauben nicht, daß er es schaffen wird.« Libby ging zu Mary und Bobby in den Notfall-Behandlungsraum.

Mary und Libby gaben Bobby während der Untersuchungen schweigend Reiki. Das Personal war mit der Anwesenheit der beiden Frauen einverstanden und sogar erfreut darüber, weil Bobby nicht allein blieb, wenn sie sich um andere Patienten kümmern mußten.

Die Operation an Bobbys Schädel dauerte insgesamt acht Stunden. Mary und Libby gaben einander Reiki, um mit ihrer Angst fertig zu werden, während sie auf das Ende der Operation warteten. Im Anschluß daran konnten sie sich auf der Intensivstation wieder in Bobbys Nähe aufhalten und fuhren mit der Reiki-Behandlung fort. Das Personal hatte nichts dagegen einzuwenden, daß die beiden Frauen dem Operierten ihre Hände auflegten. Einige unter den Ärzten und Pflegern hatten schon etwas von Reiki gehört und stellten Libby und Mary Fragen darüber. Daß Berührung generell beruhigend wirkt, war ihnen bekannt. Sie hatten nichts dagegen einzuwenden, daß etwas Positives für Bobbys Heilungsprozeß stattfand. Offensichtlich war die Reiki-Behandlung nicht schädlich, und wenn es dem Patienten danach besserging, war ihnen das natürlich recht.

Mary und Libby gaben Bobby während des gesamten dreiwöchigen Krankenhausaufenthalts weiter Reiki-Behandlungen. Dadurch wurde das Interesse des Personals an Reiki immer stärker, weil die Schwestern, Pfleger und Ärzte immer wieder miterlebten, daß Bobby sich nach einer Behandlung beruhigte und daß seine Schmerzen gelindert wurden. Auch nachdem Bobby das Krankenhaus verlassen hatte und sich zu Hause erholte, vermittelte Mary ihm mit Hilfe der Reiki-Energie weiter liebevolle Zuwendung und Unterstützung. Von den epileptischen Anfällen, die nach derartigen Kopfverletzungen häufig auftreten, blieb Bobby glücklicherweise verschont. Auch blieben keinerlei neurologische Störungen bei ihm zurück, und nach zwei Monaten konnte er wieder ganz normal leben.

Diese Geschichte zeigt, wie Reiki schulmedizinische Behandlungsmethoden sinnvoll ergänzen kann. Damit ein Mensch völlig
von einer derartigen traumatischen Verletzung genesen kann,
bedarf es einer tiefen und umfassenden Heilung. Natürlich war
die hervorragende Arbeit des Chirurgen in diesem Fall der entscheidende Faktor; doch hat die ausgezeichnete Pflege und die
liebevolle Aufmerksamkeit der ganzen Familie und der Freunde
sicher wesentlich zu Bobbys Genesung beigetragen. Wie sich
Reiki auf Bobbys Heilungsprozeß ausgewirkt haben mag, läßt

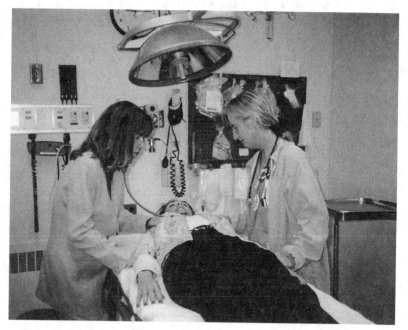

*Reiki läßt sich problemlos mit konventionellen medizinischen
Behandlungsmethoden verbinden und verstärkt deren Wirkung.*

sich mit unseren heutigen standardisierten Untersuchungspro-
zeduren noch nicht feststellen. Doch war Reiki in Bobbys
Behandlung offensichtlich ein konstantes Element, und nach den
Aussagen mehrerer Beobachter scheint Reiki sich sehr positiv auf
sein Befinden ausgewirkt zu haben.

Dr. Pamela Pettinati, Unfallchirurgin am Saint Elizabeth's
Medical Center in Boston, hat festgestellt: »Durch Reiki-Behandlungen fühlen sich die Patienten besser, und das wirkt sich positiv
auf ihre Heilung aus.« In unseren Kursen erzählen wir gewöhnlich
viele Geschichten wie die von Bobby. Über Theorien läßt sich
aus den verschiedensten Perspektiven unendlich lange streiten,
doch wenn Menschen selbst die Erfahrung machen, daß etwas
wirkt, werden dadurch alle weiteren Debatten irrelevant. Eine
Chirurgin, die wir in Reiki ausgebildet haben, berichtete, sie gebe
in Fällen, bei denen alle herkömmlichen medizinischen Behandlungsmethoden sich als unwirksam erwiesen, den Patienten oft
Reiki. Zwar mögen ihre Kollegen Reiki nicht verstehen, doch
sehen sie, daß die Methode wirkt, und schätzen die Resultate, die
sich damit erzielen lassen.

DAS ENERGIESYSTEM DES MENSCHEN

Die moderne Physik entdeckt heute Dinge neu, die die Menschen
schon in alten Zeiten wußten – beispielsweise, daß unser Körper
kein festes Gebilde ist, sondern ein System interagierender Energiefelder, die sich in ständigem Wandel befinden. Von den klein-
sten subatomaren Partikeln über den Raum außerhalb unserer
Haut bis in die weitesten Fernen des Universums beeinflussen

und verändern pulsierende Kräfte unablässig unser Sein als Einzelwesen sowie unser Verhalten in Beziehungen und ganz generell in der Welt. Die Quantenphysik hat uns gezeigt, daß die gesamte Materie aus Energiefeldern besteht: aus riesigen Räumen, in denen durch zeitweilige Überlagerung von Kräften Materiepartikel entstehen.

Dieses Konzept, das Menschen des Westens relativ neu vorkommt, ist tief im Denken der großen östlichen Kulturen verwurzelt. Die Weisen der alten Kulturen Indiens, Chinas, Japans und Ägyptens waren davon überzeugt, daß der menschliche Körper aus dynamischen Energiesystemen besteht. Obgleich wir diese Energiesysteme, die die Einheit von Geist und Körper erzeugen und erhalten, nicht sehen können, sind sie ungeheuer wichtig für uns. Die Energiefelder eines Menschen interagieren nicht nur miteinander, sondern beeinflussen auch unseren Kontakt zu anderen Menschen sowie der Umgebung, in der wir leben. Wenn wir uns als Energiefelder wahrnehmen und begreifen, also nicht als feste, von allem anderen getrennte Wesenheiten, verstehen wir auch besser die Verbindung zwischen Körper und Geist sowie ihren Einfluß auf unsere Lebensqualität.

Das indische System der *Chakras* und das chinesische der *Akupunkturmeridiane* sind zwei alte Beschreibungen dessen, wie die universelle Lebenskraft im menschlichen Körper fließt.

Ein *Chakra* (das Sanskrit-Wort für »Rad«) ist ein nichtmaterieller Energiewirbel, der die Lebenskraft so umformt, daß Körper und Geist sie nutzen können. Im menschlichen Körper befinden sich mehrere dieser Chakras, die durch sogenannte

Nadi – Energieleitungen, durch welche die universelle Lebenskraft fließt – untereinander und mit dem physischen Körper verbunden sind. Die sieben wichtigsten Chakras sind entlang der
Wirbelsäule angeordnet, wobei das unterste am Steißbein und das
oberste auf der Schädeldecke lokalisiert wird. Diese sieben Chakras
entsprechen den endokrinen Drüsen und den sechs wichtigsten
Nervenknotenpunkten des Körpers. Das endokrine System ist der
wichtigste Faktor bei der Aufrechterhaltung des biochemischen
Gleichgewichts im Körper, und es stabilisiert auch die mentalen
und emotionalen Vorgänge. Die Nervenknotenpunkte haben
einen starken Einfluß auf die Aktivitäts- und Ruhemuster des
Menschen.

Nach dem chinesischen System der Energieheilung sind die
Akupunkturpunkte energetische Öffnungen im Körper. An diesen
Punkten kann die Lebensenergie aus dem universellen Energiefeld durch die Haut in das menschliche Energiefeld und in den
physischen Körper fließen. Die *Meridiane* bilden eine Art Lei-
tungssystem, durch welches *Chi* im Körperinneren zu den Nerven,
Blutgefäßen und Organen fließt. Richard Gerber, der Autor des
Buches *Vibrational Medicine,* sieht eine Beziehung zwischen dem
indischen Chakra-Nadi- und dem chinesischen Meridian-System.
Er schreibt: »So wie das Verdauungssystem biochemische Energie
und molekulare Bausteine in Form physischer Nahrung auf-
nimmt, nehmen die Chakras in Verbindung mit dem System der
Akupunkturmeridiane Energien mit höheren Schwingungs-
frequenzen auf, die ebensowichtig für die harmonische Entfaltung
und Erhaltung des physischen Lebens sind.«[7]

Unser physischer Körper ist der dichteste und deshalb der uns vertrauteste Aspekt des menschlichen Energiesystems. Er wird von mehreren subtilen oder feinstofflichen Körpern umgeben, durch die Vitalenergie aus dem Universum in unser physisches Sein strömt. Diese Energiefelder durchdringen einander und den physischen Körper. Sie haben eine große Bedeutung für unser Wohlbefinden und beeinflussen unmittelbar unsere körperliche, geistige und emotionale Gesundheit. Obgleich die feinstofflichen Körper nicht aus Materie bestehen, sind sie doch durch Berührung wahrnehmbar, und Reiki-Schüler sowie Praktiker anderer alter Systeme der Energiemedizin (beispielsweise Ayurveda und Akupunktur) treten oft zu ihnen in Kontakt. Da Energie sich in materieller Form manifestiert, können bestimmte Energiemuster sich im physischen Körper als Krankheiten oder als Störungen niederschlagen. Da alle Ungleichgewichte durch das menschliche Energiefeld verursacht werden, kann ein Mensch nur völlig gesund werden, wenn die seiner Störung zugrundeliegenden Energiemuster aufgelöst werden. Diese Möglichkeit eröffnet uns Reiki.

Reiki-Praktiker leiten Lebensenergie aus dem universellen Energiefeld in das Energiefeld eines Menschen, wo die Energie dann in eine Form umgewandelt wird, die der Betreffende auf der physischen Ebene nutzen kann. Die Vitalenergie regeneriert die feinstofflichen Körper des Behandelten und stellt die Harmonie in seinem gesamten Energiesystem wieder her. Im Gegensatz zu anderen Formen der Energiemedizin setzt eine Reiki-Behandlung keine genaue Diagnose des Ungleichgewichts voraus. Eine Fehldiagnose

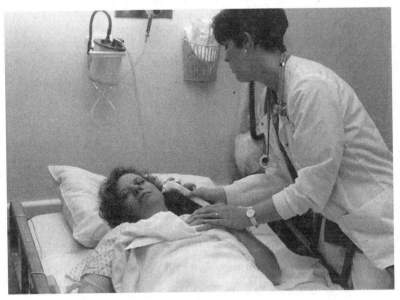

*Eine Reiki-Praktikerin leitet universelle Energie
in das menschliche Energiefeld.*

ist bei einer Reiki-Behandlung nicht möglich, und die Klienten
können auch nicht zuviel Energie aufnehmen, denn sie selbst entscheiden darüber, wieviel Energie sie brauchen, um das Geist-
Körper-System zu harmonisieren. Dies alles geschieht unabhängig
vom Bewußtsein der Behandelten, und es kostet sie keinerlei
Mühe, die Lebenskraft aufzunehmen. Die Energieübermittlung
erfolgt völlig unabhängig von ihren Überzeugungen, ihrem emotionalen Zustand und ihrer religiösen Einstellung. Die Intelligenz
des Körpers steuert den Verlauf einer Reiki-Energieübertragung
im Einklang mit der kreativen Intelligenz des Universums.

Da die Theorien der Quantenphysik heute noch nicht von der Allgemeinheit verstanden oder akzeptiert werden, können viele Menschen mit dem Konzept der Energieheilung nicht viel anfangen. Deshalb versuchen wir die Wirkung von Reiki auf den menschlichen Körper gewöhnlich mit Hilfe von Metaphern zu beschreiben. Den Vorstellungen der Quantenphysik entsprechend und um möglichst anschaulich zu bleiben, sagen wir gewöhnlich, daß die Körperzellen durch den Reiki-Prozeß die universelle Lebenskraft aufnehmen. Wir vergleichen diesen Prozeß oft mit dem Verhalten jener Muscheln, die auf den Felsen an der Küste leben: Wenn die Wellen der Flut kommen, öffnen sie sich, um Nahrung aufzunehmen und die Endprodukte ihres Stoffwechsels auszuscheiden. Ebenso öffnen sich während einer Reiki-Behandlung die Zellen der Behandelten und nehmen die universelle Lebensenergie auf. Nachdem sich die Zellen geöffnet haben, scheiden sie abgestandene Energie sowie alles Unbrauchbare und Störende aus, alles, was dem Wohl der Reiki-Empfänger nicht dient, woran sie aber trotzdem festhalten. Der Prozeß des Sich-öffnens und Ausscheidens ist ein Abbild dessen, was ständig im Universum geschieht: jenes unablässigen Aufnehmens und Loslassens, dessen Ziel es ist, das Gesamtsystem in einen harmonischen Zustand zu versetzen. Wenn sich der Körper im Gleichgewicht befindet, vermag er sich selbst zu heilen.

Die Reiki-Behandlung wird jedoch nicht ausschließlich vom Empfänger gesteuert, sondern die Heilung konzentriert sich auf Bereiche, deren optimales Funktionieren für das Gesamtsystem besonders wichtig ist. Deshalb kann es sein, daß das Resultat einer

Reiki-Behandlung nicht immer dem entspricht, was die Behandelten selbst für wichtig halten oder was sie erwartet haben. Auch wenn die Auswirkungen einer Reiki-Behandlung nicht sofort zu erkennen sind, findet doch stets in irgendeiner Form Heilung statt. Häufig wenden sich Menschen einer Reiki-Behandlung zu, weil sie unter unerträglichen Schmerzen leiden, die sich bisher durch keine Art von Behandlung bezwingen ließen. In vielen Fällen werden diese Menschen dann nicht nur von ihren Schmerzen erlöst, sondern es zeigen sich auch andere positive Veränderungen.

Marion litt seit einer schweren Verletzung unter chronischen Schmerzen am rechten Fußknöchel. Nach dreimonatiger Physiotherapie hatte sich das Fußgelenk zwar einigermaßen stabilisiert, doch der Schmerz war geblieben. Wegen ihrer Schmerzen und weil sie immer noch hin und wieder umknickte, blieb Marion nichts anderes übrig, als auf Krücken zu gehen. Als Libby sie kennenlernte, lief sie seit sechs Monaten auf Gehstützen und fühlte sich ständig unwohl. Zwei Orthopäden hatten ihr empfohlen, das Fußgelenk entweder längerfristig zu bandagieren oder durch einen chirurgischen Eingriff die Lateralgewebe verkürzen zu lassen. Nach einer solchen Operation hätte sie mindestens zwei Monate lang einen Gipsverband tragen müssen. Der Herbst hatte gerade begonnen und damit auch die Zeit der herbstlich-winterlichen Feste, und Marion konnte sich einfach nicht vorstellen, zum Erntedankfest und zu Weihnachten mit einem Gipsverband herumzulaufen, da sie sich doch um ihre zwei kleinen Kinder kümmern mußte. Von einer Reiki-Behandlung versprach sie sich eine Linderung ihrer Schmerzen. Als sie anrief, um einen Termin zu vereinbaren, fragte sie, ob Reiki wohl ihren Knöchel heilen könnte, so daß ihr der chirurgische Eingriff erspart bliebe. Libby erklärte ihr, bei einer Reiki-Behandlung könne zwar kein bestimmtes Resultat garantiert werden, doch sei wohl in jedem Fall eine Linderung der Schmerzen zu erwarten. Und sicherlich würde die Behandlung ihren Zustand nicht verschlimmern.

Nach der ersten Reiki-Sitzung sagte Marion, sie fühle sich entspannter und weniger ängstlich. Am nächsten Tag rief sie Libby an und sagte: »An meinem Fußgelenk hat sich immer noch nichts getan, aber gestern abend habe ich das Exposé zu einem Kinderbuch geschrieben, das ich seit fünfzehn Jahren im Kopf habe.« Die erste Reiki-Behandlung hatte Marion zwar nicht von ihren Gehhilfen befreit, aber eine positive Wirkung auf ihre Kreativität gehabt. Dieses Beispiel veranschaulicht, daß der Heilungsprozeß seine eigenen Prioritäten hat. Wir haben dies wiederholt beobachtet. Reiki gibt Menschen offensichtlich immer das, was sie am dringendsten benötigen – und das ist nicht immer, was sie glauben zu brauchen.

Eine Woche später bemerkte Marion während ihrer zweiten Reiki-Sitzung, daß die Schwellung in ihrem Fußgelenk zurückgegangen war. Erstmals seit vielen Monaten war die Form des Knochens zu erkennen. Zu ihrer dritten

Reiki-Behandlung in der folgenden Woche erschien
Marion ohne Gehstützen. Sie knickte beim Gehen nicht
mehr ständig um, und die Schmerzen waren zurückgegangen. Nach der vierten Behandlung hatte sich Marions
Zustand so stark verbessert, daß sie ihren Arzt aufsuchte
und den Operationstermin absagte. Daraufhin entschloß
sich Marion, selbst Reiki zu erlernen, um durch Reiki-
Selbstbehandlungen zwischen den einzelnen Sitzungen
noch intensiver an ihrer Heilung mitarbeiten zu können.
Der Reiki-Kurs, an dem sie teilnahm, fand genau an dem
Tag statt, an dem sie sich eigentlich operieren lassen
wollte.

Nach zwei weiteren Behandlungen war Marion in der
Lage, sich durch Reiki-Selbstbehandlungen gesund zu
erhalten. Zu Weihnachten schrieb sie uns eine Karte und
berichtete, ihrem Fußknöchel gehe es gut. Sie habe keinerlei Probleme, Hügel hinaufzugehen, wenn sie ihre Kinder
zum Schlittenfahren begleite. Im Laufe der nächsten zwei-
einhalb Jahre lernten auch Marions Kinder, ihr Mann und
ihre Schwester, Reiki-Behandlungen zu geben, weil sie
alle die positive Wirkung dieser Behandlung auf Marions
Gesundheit und auf ihr ganzes Leben miterlebt hatten.

Der Reiki-Prozeß veranschaulicht, daß die Heilkraft und die Ver-
antwortung für die Heilung beim Behandelten selbst liegen.
Reiki-Praktiker widmen sich dem Heilungsprozeß mit allem
Engagement, das sie mobilisieren können. Sie fungieren als Kanal

für die universelle Lebenskraft. Sie heilen die Empfänger jedoch nicht selbst, sondern die Heilung tritt aufgrund der Beziehung zwischen dem Energiefeld des Empfängers und dem universellen Energiefeld ein, wobei das zellulare Bewußtsein des Empfängers als Vermittler fungiert. Reiki versetzt die Empfänger in die Lage, auf allen Ebenen des Seins, die für die Behandelten wichtig sind, die Heilung herbeizuführen.

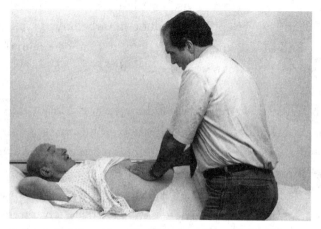

Reiki ermöglicht es dem Empfänger, selbst auf allen Ebenen der Existenz die Heilung zu fördern.

Reiki ist kein wundersames Allheilmittel, sondern verstärkt und beschleunigt lediglich die normale Heilaktivität des Körpers und Geistes. Die Wirkung von Reiki wird auch nicht durch Mangel an Wissen, Vorstellungskraft oder Verständnis eingeschränkt. Die universelle Energie wird in jedem Fall frei von irgendwelchen Bedingungen übermittelt und empfangen.

Unabhängig von einer Reiki-Behandlung und von anderen Formen energetischer Behandlung haben Menschen viele Möglichkeiten, zur universellen Lebensenergie in Kontakt zu treten. Eine davon ist die Nahrungsaufnahme. Wenn wir uns mit frischen Nahrungsmitteln von ausgezeichneter Qualität ernähren, die liebevoll zubereitet worden sind, stärken wir auf allen Ebenen unsere Existenz. Mit Hilfe der Elemente können wir auf vielfältige Weisen Lebensenergie in uns aufnehmen. In direktem physischem Kontakt mit der Natur – draußen in der Sonne, an natürlichen Gewässern und in üppiger Vegetation, beim Wandern in den Bergen oder wenn der Wind uns umweht – nehmen wir die Lebensenergie auf, die uns ständig umgibt. Die zutiefst nährende Wirkung des Naturerlebens wirkt entspannend und verjüngend.

Auch durch Meditation können wir in die Lebenskraft eintauchen. Die erweiterten Bewußtseinszustände, die wir durch Meditation erreichen können, sind Zustände reinen Gewahrseins, wahrer Harmonie, authentischer eigener Kraft und der Einheit mit allem, was ist. Viele Meditierende sind jedoch nicht in der Lage, ihre während der Meditation entstandene Verbindung zur Vitalenergie im Alltag aufrechtzuerhalten, so daß sie nicht dauerhaft jene Qualitäten des Friedens, der Harmonie und der Weisheit genießen können, zu denen sie in der Meditation in Kontakt treten. In schwierigen Situationen gelingt es ihnen nicht, die Verbindung zur Lebenskraft aufrechtzuerhalten oder gar zu verstärken. Zwar entwickeln Menschen manchmal gerade in Krisensituationen erstaunliche Heilkräfte, doch verschwinden diese Fähigkeiten oft wieder, wenn sich die Situation normalisiert hat.

Beispielsweise ist bekannt, daß die Fähigkeiten von Ärzten und Pflegepersonal in extremen Notfällen häufig ihre normale fachliche Kompetenz weit übertreffen. Ist die Notfallsituation jedoch vorüber, sind die gleichen Helfer oft nicht mehr in der Lage, das, was sie in jener Ausnahmesituation geleistet haben, zu wiederholen. Im Gegensatz dazu steht Reiki jederzeit zur Verfügung und ermöglicht Menschen, wann immer sie wollen, auf die Energie der universellen Lebenskraft zurückzugreifen. Ob es um Schmerzen, um die emotionalen Probleme eines anderen Menschen geht oder ob wir uns selbst nicht gut fühlen, Reiki steht uns jederzeit zur Verfügung, sobald wir dies wünschen.

DIE REIKI-INITIATION

Jeder Mensch verfügt von Geburt an über die Fähigkeit zu heilen. Doch wissen die meisten nicht, wie sie diese Fähigkeit nutzen sollen. Deshalb erfahren sie ihre angeborenen Heilkräfte nur in seltenen Augenblicken. Die Reiki-Initiation befähigt uns dazu, als Werkzeuge des Heilungsprozesses zu fungieren, wann immer wir uns selbst oder anderen Menschen die Hände auflegen.

Die von einem traditionell ausgebildeten Reiki-Meister vorgenommene Reiki-Initiation ermöglicht es uns, jederzeit mühelos zur universellen Lebensenergie in Kontakt zu treten. Der Initiationsprozeß ist das Element, das Reiki von anderen Formen der Energiearbeit unterscheidet. Die vier Initiationen, die Reiki-Schüler im Laufe ihrer Ausbildung erhalten, erhöhen die Schwingungsfrequenz des Energiefeldes und stärken dadurch die Heilfähigkeiten der Initiierten. Der Reiki-Meister widmet sich jedem einzelnen Schüler eine kurze Zeit und führt für jede der vier Initiationen eine Zeremonie durch, deren genauer Wortlaut auf einer Formel basiert, die Dr. Usui in alten Sanskrit-Texten wiederentdeckt hat. Durch dieses Ritual wird das Energiesystem des Schülers harmonisiert, so daß er selbst zum Kanal für die universelle Lebensenergie werden kann. Hawayo Takata hat den Initiationsprozeß einmal mit dem Einstellen eines Radiogeräts auf einen bestimmten Sender verglichen. Ebenso wie die Radiowellen überall sind, umgibt uns auch die universelle Lebenskraft überall. Der Initiationsprozeß stellt sozusagen unsere Energiefelder auf die Reiki-»Frequenz« ein.

Durch die Initiationen werden auch die Hände des Schülers sensibilisiert, so daß sie die Energie besser abgeben und Energieströme erspüren können (manche Reiki-Praktiker vergleichen

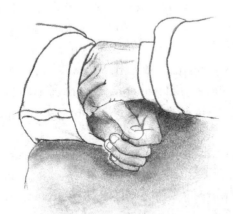

Die Reiki-Initiationen befähigen Menschen,
zu einem Kanal für die Lebenskraft zu werden.

ihre Hände mit Elektroden). Außerdem erhalten die Schüler durch die Initiation einen Schutz für den Umgang mit schwierigen Umgebungen und Situationen, ob dies nun ein überfüllter Flughafen, ein unangenehmer Kollege oder die starke emotionale Erregung eines Familienmitglieds ist.

Daß sich Erfahrungen wie die Reiki-Initiation mit dem Intellekt nicht völlig erklären lassen, frustriert manche Menschen oder bewirkt, daß sie Reiki ignorieren oder sogar abfällig darüber reden. In einem Kurs, den wir in einem Krankenhaus durchführten, wurden wir nach den Initiationen mit Fragen geradezu überschüttet, da die teilnehmenden Ärzte und Pfleger verzweifelt versuchten, intellektuell einzuordnen, was bei einer Initiation vor sich geht. Obwohl wir ihnen erklärt hatten, daß sich die Wirkung von Reiki dem menschlichen Verständnis entzieht, suchten sie nach einem geistigen Modell, um sich auf ihre Initiationserfahrung einen Reim machen zu können. Schließlich meldete sich ein Arzt unter den Teilnehmern zu Wort. Er sagte: »Eigentlich ist es nicht wichtig, ob wir wissen, wie das funktioniert. Wir wissen ja schließlich auch nicht, wie bestimmte Medikamente wirken, und doch verschreiben wir sie ständig, weil ihre positive Wirkung seit langem erwiesen ist.«

Obwohl der Initiationsprozeß bei jedem Menschen gleich ist, wird er sehr unterschiedlich erlebt. Dies zeigt, daß die innere Intelligenz des Körpers weiß, was ein Mensch braucht, damit sich seine angeborenen Heilkräfte optimal entfalten können. Aufgrund dieser inneren Weisheit macht der Schüler bei der Initiation genau die Art von Erfahrung, die er braucht, ob dies nun eine

Antwort, eine Vision oder ein erhebendes Gefühl ist. Was es ist, hängt davon ab, welcher Schritt dem betreffenden Menschen auf seiner Heilungsreise als nächster bevorsteht. Manchmal verläuft die Initiation ruhig und friedlich, in anderen Fällen sehr intensiv und zuweilen sogar dramatisch. Viele, die an den Initiationen teilnehmen, sehen leuchtende Farben und Bilder; andere sehen Gottheiten oder die Gesichter geliebter Menschen. Oft fühlen sich Initiierte sanft in Licht gebadet oder von einer feinen Energiehülle umgeben. Häufig machen sie intensive physische Erfahrungen. Ein ehemals Drogensüchtiger erlebte während der Initiation ein so tiefes Gefühl der Zufriedenheit, daß sein Verlangen nach Drogen, mit dem er bis zu diesem Zeitpunkt tagtäglich gekämpft hatte, völlig verschwand und nie wieder auftrat. Eine Frau, deren Sehfähigkeit mehrere Jahre lang durch einen Schleier getrübt gewesen war, sah während ihrer Initiation einen Lichtblitz. Als sie am Abend nach Hause zurückkam, merkte sie, daß der Schleier verschwunden war und daß sie wieder kleine Buchstaben lesen konnte.

1967 hatte Alex bei einem schweren Motorradunfall einen dreifachen Wirbelbruch erlitten. Seine Ärzte hatten gesagt, wahrscheinlich werde er nie mehr gehen können. Doch erlernte er mit ungeheurer Willenskraft und Ausdauer eine bestimmte Muskelkontrolle, die es ihm ermöglichte zu gehen, wenn auch nur unter chronischen Schmerzen. Alex' Frau besuchte einen Reiki-Kurs, weil sie hoffte, Reiki würde ihr bei ihrer freiwilligen Arbeit in einem Hospiz zugute kommen und vielleicht auch ihrem Ehemann ein wenig Linderung verschaffen. Direkt nach dem Kurs gab sie Alex eine Reiki-Behandlung. Später nahm dieser selbst an einem Reiki-Kurs teil. Nachdem er seine erste Initiation erhalten hatte, saß er mit ungläubigem Gesichtsausdruck da und wackelte mit seinen Zehen. »Merkwürdig!« rief er aus. »Das ist wirklich sehr merkwürdig. Ich habe keine Schmerzen mehr! Ich weiß noch, wo der Schmerz vorher war, aber er ist nicht mehr da! Ich habe Angst, mich zu bewegen, weil er dann vielleicht zurückkehren könnte.« Die größte Herausforderung für Alex bestand darin, seinen Geist davon abzubringen, daß er den Schmerz wiederaufleben ließ.

Alex blieb zwei Jahre lang schmerzfrei. Im darauffolgenden Winter stürzte er auf dem Eis und brach sich erneut einen Wirbel. Mittlerweile wurden bei ihm Arthritis und eine Verengung des Rückenmarkkanals diagnostiziert. Indem er sich im Laufe des Tages immer wieder selbst Reiki-Behandlungen gibt und zusätzlich halbstündige Behandlungen von seiner Frau erhält, kann er seine Schmerzen in einem erträglichen Rahmen halten.

Oft tritt die durch die Initiation bewirkte Veränderung auf einer subtileren, aber deutlich wahrnehmbaren Ebene ein. Ein Arzt, der an einem unserer Kurse teilnahm, staunte über die allmähliche Verwandlung einer ebenfalls teilnehmenden Krankenschwester, die anfangs sehr skeptisch gewesen war. Ihre Zweifel schlugen jedoch während der Übungssitzungen in vorbehaltlosen Enthusiasmus um, als sie erlebte, wie die Lebensenergie durch ihre Hände floß. Nachdem der Arzt diese Transformation miterlebt hatte, war er sichtlich gerührt. Noch heute, drei Jahre später, bezieht die betreffende Krankenschwester, die in der häuslichen Krankenpflege arbeitet, die Reiki-Behandlung in ihrer Arbeit ein. Sie ist so begeistert über die Wirkung von Reiki, daß sie oft Kollegen empfiehlt, an Reiki-Kursen teilzunehmen.

Die ersten 21 Tage nach der Initiation sind für die Neuinitiierten eine Zeit erhöhten Gewahrseins. Ebenso wie die Initiation selbst wird diese Zeit intensivierter Selbstheilung sehr unterschiedlich erlebt. Manche verbringen diese Phase in einem Zustand tiefer Glückseligkeit; sie empfinden eine große Liebe zu allen Menschen in ihrer Umgebung und ein tiefes Gefühl der Einheit und Verbundenheit mit allem Leben. Andere fühlen sich verjüngt, als ob sie eine Reinigung durchlebt hätten. Die Initiation erhöht die Schwingungsfrequenz der feinstofflichen Körper und stärkt die Verbindung zur universellen Lebenskraft. Wenn ihr Körper nach der Harmonisierung von der Lebenskraft durchflossen wird, ist auch seine Selbstreinigungskraft stärker geworden. Negative Gedanken und die niedrigere Schwingungsfrequenz alter Verhaltensweisen haben in dem durch die Initiation entstandenen neuen energetischen Milieu keine Überlebenschance. Durch ihre Entfernung entsteht Raum für größere Intuition und mehr Kreativität auf allen Ebenen.

Zwei Wochen nach seiner Teilnahme an einem Kurs rief Terry an und berichtete, daß der Streß bei der Arbeit ihn nicht mehr so belaste und daß er besser mit anderen Menschen zurechtkomme. Außerdem habe er festgestellt, daß er sich, ohne darüber nachzudenken, auf eine gesündere Art der Ernährung umgestellt habe. Das Gewicht, das er habe, seitdem er Nichtraucher geworden sei, verliere er allmählich wieder.

Manche Menschen erleben nach der Initiation eine wundervolle Überraschung. So erging es einem Biologen vom Massachusetts General Hospital.

Frank rief einen Tag nach Kursende an, um uns zu sagen, daß ihn an jenem Morgen ein schwerer Schlag am Kopf getroffen hätte. Spontan hatte er seine Hand auf die Verletzung gelegt, ohne nur im entferntesten daran zu denken, daß er sich selbst Reiki gab. Er spürte, daß augenblicklich Wärme zu der Stelle floß und seine Schmerzen linderte. Sein Verstand kritisierte das Geschehen ungläubig, weil die Erfahrung intensiver Wärme schneller eintrat, als dies nach den Theorien der westlichen Medizin eigentlich möglich war. Beim Nachlassen des Wärmegefühls blieb keine Rötung oder Schwellung zurück. Darüber war Frank verblüfft, denn der Schlag war so stark gewesen, daß sich beide Symptome normalerweise hätten einstellen müssen.

Außerdem berichtete Frank mit offensichtlicher Freude, daß er und seine Frau, eine Kinderzahnärztin, die ebenfalls am Kurs teilgenommen hatte, sich wieder wie frisch Verliebte fühlten.

Da die Initiationen die Schwingungsfrequenz unserer Energiekörper erhöht, wird die Vitalität gestärkt, und alte, verhärtete Muster werden aufgelöst. Es ist nicht ungewöhnlich, daß bei einem Menschen nach der Reiki-Initiation schwierige emotionale Muster einfach verschwinden.

Als Joan nach einem Reiki-Kurs nach Hause ging, erwartete sie dort eine Szene, die sie nur zu gut kannte: Ihr Mann und ihr Sohn waren ziemlich betrunken. Als ihr Sohn aus dem Haus gehen und mit dem Auto wegfahren wollte, machte Joan ihm Vorhaltungen, daß er andere Menschen in Gefahr bringen könnte, und nahm ihm die Autoschlüssel ab. Der Sohn war außer sich vor Wut, doch Joan blieb konsequent. Sie sagte später: »Das hatte ich schon lange tun wollen, hatte es aber nie gewagt. Ich hatte einfach keine Lust mehr, solche Situationen immer wieder zu erleben und mich dann auch noch für den Schaden verantwortlich zu fühlen, den er anrichten konnte.«

Die Reiki-Initiation bestärkt in uns die Intention, Heilung im höchsten Sinne und im Interesse des Ganzen zu fördern. Der Fluß der Lebensenergie ist abhängig von unserer Intention und von dem, was die Körperzellen des Empfängers aufnehmen wollen. Doch fließt die universelle Lebensenergie auch, wenn wir uns nicht ständig darauf konzentrieren und unsere Intention nicht laufend verbalisieren. Dieser Aspekt von Reiki ist besonders nützlich in Notfällen.

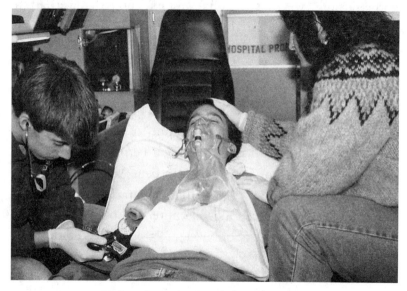

Reiki ist besonders nützlich in Notfällen.

Unsere Absicht, den Heilungsprozeß zu unterstützen, kommt schon allein im Auflegen unserer Hände zum Ausdruck. Viele Reiki-Praktiker fokussieren ihre Intention und ihr Gewahrsein immer bewußt auf den Fluß der Lebensenergie. Aufgrund unserer Intention und des Energiebedarfs der Zellen im behandelten

Körper fließt die universelle Lebensenergie durch unsere Hände zum Behandelten. Wir können dieses Fließen nicht durch unseren Willen erzwingen, denn die angeborene Intelligenz des Empfängers ruft soviel Energie ab, wie benötigt wird. Ob Reiki wirkt, hängt zum Glück nicht von den Gefühlen oder Überzeugungen des Gebers und des Empfängers ab, denn gerade diese behindern, blockieren oder erschweren oft den Heilungsprozeß. Statt dessen verbindet die Initiation den Geber und den Empfänger mit der bedingungslos wirkenden, unbegrenzten Quelle allen Lebens. Aufgrund dieser Verbindung können wir jedem Menschen, also auch uns selbst, universelle Lebensenergie übermitteln.

Die Durchführung einer Reiki-Behandlung kommt nicht nur dem Empfänger, sondern auch dem Praktiker zugute. Im Gegensatz zu der Erschöpfung, die viele in helfenden Berufen Tätige früher oder später überfällt, empfangen wir, wenn wir eine Reiki-Behandlung geben, auch selbst universelle Lebensenergie. Weil wir bei der Behandlung nicht auf unsere *persönliche* Energie zurückzugreifen brauchen, ist unser Einsatz keine Selbstaufopferung. Wir gewinnen sogar neue Energie, während die Vitalenergie uns durchfließt. Viele sagen, es spiele keine Rolle, ob sie selbst Reiki geben oder Reiki empfangen würden, weil sie in beiden Fällen in den Genuß dieser Energie kämen.

Unser Körper ist ein Energiesystem, das sich ständig verändert und erneuert. Aufgrund dieses Wandels bietet es die Möglichkeit, uns in jedem Augenblick auf die Ganzheit zuzubewegen. Da Reiki leicht zu erlernen und zu geben ist, stellt es ein zuverlässiges Werkzeug zur Übermittlung der universellen Lebenskraft dar, das auch zur Mobilisierung unserer biologischen Heilkräfte und zur Beschleunigung unseres inneren Wachstums und unserer Entwicklung dient.

Im Laufe unseres Lebens lernen wir den Umgang mit verschiedenen Methoden, die uns helfen, unsere unterschiedlichen Ziele zu erreichen. Doch unter all den Therapiesystemen beziehen sich nur wenige auf unsere angeborene Sehnsucht nach Ganzheit. Diese Sehnsucht veranlaßt heute so unglaublich viele Menschen zu einer Therapie, indem sie sich einen Lehrer suchen oder Selbsthilfebücher lesen. Das Bedürfnis nach Unterstützung unserer menschlichen und persönlichen Entwicklung faßt die angesehene Wissenschaftlerin und Energieheilerin Barbara Brennan in ihrem Buch *Hands of Light* zusammen, indem sie schreibt: »Vielleicht werden wir eines Tages eine Maschine bauen können, die die Energie des universellen Energiefeldes zu nutzen vermag, so daß wir soviel Energie zur Verfügung haben, wie wir brauchen, ohne daß wir Gefahr laufen, uns selbst zu schaden.«[8] Die Zeit ist gekommen, und die »Maschine« heißt Reiki.

3

Reiki-Selbstbehandlung:
Wie Helfer etwas für sich selbst
tun können

*D*ie meisten Menschen, die wir in Reiki-Kursen unterrichten, sind mit dem Grundsatz aufgewachsen, sie müßten sich zuerst um das Wohl anderer Menschen kümmern, bevor sie etwas für sich selbst tun dürften. Diesem Grundsatz zufolge haben wir nur dann das Recht, uns Ruhe zu gönnen und uns zu erholen, wenn wir alle unsere Verpflichtungen erledigt haben. Es war weder in früheren Zeiten leicht, Zeit und Energie für das eigene Wohl zu finden, noch ist dies heute der Fall. Viele von uns sind ständig in Hast, um all das erledigen zu können, was ihr Terminplan ihnen diktiert, und behalten nur wenig Zeit für sich selbst übrig. Wenn wir uns an dem Grundsatz orientieren, daß zuerst alle Pflichten erledigt sein müssen, sind die Augenblicke, in denen wir uns erholen können, so flüchtig wie ein Kolibri, und sie beglücken uns nur äußerst selten.

Bei Menschen, die in Helferberufen arbeiten, ist die Gefahr besonders groß, daß sie um anderer willen ihre eigenen Bedürfnisse vernachlässigen. Termine mit Klienten müssen natürlich eingehalten werden. Doch wie viele von uns nehmen sich regelmäßig Zeit für sich selbst? Oft opfern wir kostbare Zeit, die wir

Reiki hilft, Klarheit zu gewinnen und zu planen.

eigentlich für uns selbst reserviert hatten, für die Bedürfnisse unserer Klienten, eines Kollegen, eines Familienmitglieds oder eines Freundes. Wie viele Massagen erhält beispielsweise ein Massagetherapeut selbst, und in welcher Relation steht diese Zahl zu den Massagen, die er oder sie anderen gibt? Viele Menschen sind es einfach nicht gewöhnt, sich um sich selbst zu kümmern, obwohl dies zur Erhaltung des inneren Gleichgewichts und der Gesundheit wichtig ist. Wenn wir etwas für uns selbst tun, so ist das keineswegs egoistisch, sondern das Erfordernis einer gesunden Lebensweise. Wir können anderen nicht von Nutzen sein, wenn wir selbst völlig ausgebrannt sind. Um anderen helfen zu können, müssen wir uns selbst in einem ausgeglichenen, harmonischen Zustand befinden. Mit Hilfe von Reiki können wir fast mühelos »auftanken«, in kurzer Zeit und trotzdem sehr effektiv. Reiki öffnet uns für die

Aufnahme der Lebensenergie, jener Kraft, die letztlich allen Hei-
lungsprozessen zugrunde liegt. Diese universelle Energie hilft uns,
das innere Gleichgewicht zu erhalten, uns nicht zu sehr zu
erschöpfen und unsere Heilkräfte zu aktivieren, die dorthin
fließen, wo sie gebraucht werden.

Die Reiki-Selbstbehandlung ist eine wirksame Methode zur
Selbstzentrierung. Wenn Sie sich aufgeregt, wütend oder ängstlich
fühlen, kann eine kurze Reiki-Selbstbehandlung beruhigen und
Ihnen Zuversicht und Stärke zurückgeben. Wenn Sie befürchten,
daß die Anforderungen, die an Sie gestellt werden, Ihnen über
den Kopf wachsen, kann Reiki Ihnen helfen, Ihre Klarheit wieder-
zufinden. Wenn Sie im Sumpf des Alltäglichen zu ertrinken drohen, können Sie sich mit Hilfe von Reiki daraus befreien. Reiki
unterstützt Sie bei der Bewältigung strapaziöser Terminpläne

Reiki hilft Ihnen an anstrengenden Tagen mit einem dichten Terminplan.

73

ebenso wie an langen Abenden in der Krankenpflege. Durch die Reiki-Selbstbehandlung können Sie große Energiereserven für schwierige Situationen aufbauen. Regelmäßige Selbstanwendungen machen Sie in anstrengenden Situationen widerstandsfähiger. Reiki ist eine sehr einfache Möglichkeit, etwas für Ihr eigenes Wohl zu tun.

DIE REIKI-SELBSTBEHANDLUNGS-SEQUENZ

Eine vollständige Reiki-Selbstbehandlung umfaßt zwölf bis fünfzehn Handpositionen an der Vorder- und Rückseite Ihres Körpers. Die Anzahl kann variieren, weil Sie entsprechend Ihren persönlichen Präferenzen Positionen hinzufügen können (siehe hierzu Anhang I).

Die Hände werden sanft, aber fest auf den Körper gelegt und bleiben jeweils drei bis fünf Minuten (nach Wunsch auch länger) in einer bestimmten Position. Die erste Position befindet sich auf dem Kopf. Von dort aus bewegen sich die Hände allmählich abwärts, wobei die letzte Position am Steißbein liegt. Die Bewegung der Hände sollte auf entspannte, natürliche Weise erfolgen. Manche Menschen spüren überhaupt nichts, während sie sich Reiki geben; auf andere wirkt es beruhigend, wenn sie mit den Händen nacheinander die verschiedenen Positionen aufsuchen. Wenn Sie nach den Reiki-Initiationen die Selbstbehandlung durchführen, indem Sie sich selbst Ihre Hände auflegen und dabei strikt der vorgegebenen Form folgen, empfangen Sie die nährende Lebensenergie, ob Sie nun etwas dabei empfinden oder nicht.

Die durchschnittliche Zeitspanne für jede Position beträgt in der traditionellen Form drei bis fünf Minuten, doch können Sie nach Wunsch auch länger verweilen. Darüber entscheiden Sie allein nach Ihren Bedürfnissen und Ihrer Situation. Bei einer Anspannung im Bauchbereich können Sie die Hände dort länger liegen lassen, um sich Linderung zu verschaffen. Wieviel Zeit Sie einer Reiki-Selbstbehandlung widmen, spiegelt letztlich, was Sie sich selbst zu geben bereit sind. Manche Menschen wenden täglich 20 bis 40 Minuten für eine Reiki-Selbstbehandlung auf. Eine vielbeschäftigte Ärztin, die von uns die Reiki-Behandlung erlernt hat, führt die Reiki-Selbstbehandlung in der Zeit durch, die sie zum Lesen und zur Kontemplation reserviert. Dadurch kann sie täglich bis zu vier Stunden lang etwas für sich selbst tun.

Reiki hilft uns, für unser eigenes Wohlergehen zu sorgen.

Eine Reiki-Selbstbehandlung am Abend verhilft Ihnen zu einem tiefen, erholsamen Schlaf. Ebenso kann die Selbstbehandlung am Morgen Sie sanft in den Tag geleiten. Für einige Menschen ist die Reiki-Selbstbehandlung ein wichtiges Ritual, eine Zeit der Entspannung, der Kontemplation, der Meditation und des Gebets. Solche nährenden Rituale fehlen uns im modernen Leben oft. Ich (Maggie) empfinde die Wirkung von Reiki besonders tief, wenn ich mir Zeit für eine vollständige Selbstbehandlung nehme. Ich strecke mich auf meinem Bett aus, gehe langsam die einzelnen Positionen durch und lasse gleichzeitig die Ereignisse des Tages und die Probleme, die mich im Augenblick beschäftigen, an mir vorüberziehen. Die Reiki-Selbstbehandlung versetzt mich schnell und mühelos in einen Zustand, der jenem zentrierten Gefühl ähnelt, das sich einstellt, wenn man bei Sonnenaufgang oder Sonnenuntergang an einem Strand entlang geht. Da ich Mutter von vier Kindern bin und außerdem viele Lehrverpflichtungen erfüllen, Einzelklienten betreuen und publizistische Aufgaben erledigen muß, gibt es in meinem Leben viele Gründe, mich regelmäßig zu entspannen. Wenn ich den Kontakt zu meinem Körper hergestellt habe, spüre ich schon nach wenigen Augenblicken ein Wärmegefühl, als würde flüssiger Honig mich durchströmen. Alle Spannungen und Belastungen lösen sich so leicht, als würde Seide über meine Haut gleiten. Die Energie, die aus meinen Händen strömt, geht weit über ein Hitzegefühl, ein Kitzeln oder Vibrieren hinaus. Es ähnelt eher dem Gefühl, das Kinder manchmal haben, wenn sie liebevoll von ihrer Mutter umarmt werden: Sie schmelzen dann in der köstlichen Geborgenheit des mütterlichen Körpers dahin. Als Erwachsene müssen wir uns selbst ebenso liebevoll behandeln.

Es ist einfach, Reiki in Alltagsaktivitäten einzubeziehen.

Abgesehen von der regelmäßigen Regeneration durch die Reiki-Selbstbehandlung stellen viele Reiki-Initiierte auch im Laufe eines geschäftigen Tages mit Hilfe ihrer Hände immer wieder Kontakt zu ihrem Körper her. Beim Telefonieren, während einer Besprechung, beim Fernsehen, im Konzert, an der Ampel, in der Schlange vor der Stechuhr – in all diesen Situationen und in vielen anderen können Sie sich selbst Reiki geben. Weil die Zellen unseres Körpers die Lebensenergie ohne Einflußnahme unseres Geistes aufnehmen, können wir Reiki auch empfangen, wenn unser Bewußtsein sich mit anderen Dingen beschäftigt. Eine Grundschullehrerin hat uns gesagt, im Grunde werde sie von ihrer

Reiki-Energie können Sie auch empfangen, während sich Ihr
Bewußtsein mit anderen Dingen beschäftigt

Schule dafür bezahlt, daß sie sich regelmäßig jeden Tag zwei Stunden selbst Reiki gebe. »Ich halte einfach eine Hand auf meinem Körper, während ich durch den Flur gehe, mit Kollegen spreche, einem Schüler bei der Rechtschreibung helfe oder auf dem Schulhof stehe. Es ist phantastisch. Ich bekomme mein Reiki, und es kostet mich auch nicht eine Minute zusätzlicher Zeit. Dadurch bin ich bei Besprechungen konzentrierter, mir fallen kreative Ideen und Lösungen ein, ich finde leichter Zugang zu meiner humoristischen Ader, und ich habe generell mehr Durchhaltevermögen.«

Besonders beliebt für Reiki-Selbstbehandlungen ist das Herz. Wenn Sie einfach die Hände auf Ihrem Herzen ruhen lassen und

sich Ihre Intention vergegenwärtigen, die Heilung im höchsten
Sinne stärken zu wollen, fließen transformierende, nährende
Schwingungen in Ihr tiefstes Sein und helfen Ihnen, alles loszu-
lassen, was Ihrem Sein und Ihrer einzigartigen Aufgabe im Leben
nicht mehr förderlich ist. Indem Sie den Geist auf Mitgefühl und
Frieden konzentrieren, können Sie dem Herzen helfen, zu seinem
natürlichen Zustand der Leichtigkeit und Freude zurückzukehren.
Reiki zentriert Sie in Ihrer Wahrheit. Falls Sie die Realität Ihrer
inneren Weisheit im Laufe des Tages vergessen, können Sie sich
augenblicklich Ihrer Verbindung zum Universum erinnern, indem
Sie eine Hand auf Ihr Herz legen. Wir alle sind Teile jenes uner-
meßlich großen Ganzen, das wir Universum nennen, und jeder

Reiki erfordert keinen zusätzlichen Zeitaufwand.

Reiki bringt Frieden und Zufriedenheit.

von uns kommt mit einer einzigartigen Begabung und einer ganz besonderen Aufgabe in diese Welt, um einen wichtigen Beitrag zum Wohle des Ganzen zu leisten. Reiki nimmt uns, wo wir sind, und geleitet uns sanft, auf daß wir die Aufgabe erfüllen, um deretwillen wir geboren wurden. Dabei hilft Reiki uns, unsere Aufgabe zu erkennen und zu erfüllen – mit unserer ganzen Kraft und Vitalität und gleichzeitiger Leichtigkeit.

Die Reiki-Technik zur Auflösung emotionaler Muster

In jedem Augenblick versuchen wir alle, mit einer bestimmten persönlichen Energie unsere Aufgaben zu erfüllen. Neben dem Energieaufwand, den körperliche Aktivitäten erfordern, kosten uns auch nichtphysische Aktivitäten Kraft, beispielsweise wenn wir »tapfer« zu wirken versuchen, obwohl wir uns Sorgen machen, oder wenn wir uns elend fühlen und uns trotzdem um Freundlichkeit bemühen. Menschen, die in Helferberufen arbeiten, beobachten tagtäglich, wieviel Energie es ihre Klienten oder Patienten kostet, sich in schwierigen Situationen »zusammenzureißen«. Noch mehr Energie kostet es, Überzeugungen aufrechtzuerhalten, die unser Denken und Handeln einschränken: habituelle Sichtweisen, die uns vom Ganzen trennen und uns nicht das bekommen lassen, wonach wir uns zutiefst sehnen.

Da habituelle Verhaltensmuster unbewußt aufrechterhalten werden, kämpfen viele Menschen gegen sie an, ohne zu erkennen, welchen ungeheuren Energieaufwand dies kostet. Manche stürzen

81

sich aus diesem Grund in ihre berufliche Arbeit und die Jagd nach Erfolg, wobei sie ihre subtileren emotionalen Bedürfnisse ignorieren. Andere verfallen allmählich in eine tiefe Depression, begleitet von einem immer stärker werdenden Erschöpfungszustand. Einschränkende Überzeugungs- und Deutungsmuster binden einen großen Teil unserer persönlichen Energie, und diese fehlt uns dann bei den übrigen Aktivitäten. Je mehr Energie wir binden, um unsere Muster aufrechterhalten zu können, um so weniger Mitgefühl, Klarheit und Verständnis stehen uns zur Verfügung – die Grundlagen all unserer Bemühungen als Helfer. Unser Potential wird durch die Macht der einschränkenden Muster weitgehend lahmgelegt oder sogar zerstört. Viele Menschen aus den Helferberufen halten es für wichtig, sich unablässig um die eigene emotionale Klarheit zu bemühen, weil sie wissen, daß sie nur dann über genug Energie verfügen, um anderen wirklich helfen und gleichzeitig selbst ein befriedigendes Leben führen zu können.

Die Reiki-Technik zur Auflösung emotionaler Muster, die wir durch unsere Arbeit mit Einzelklienten und Gruppen sowie durch Erprobung an uns selbst entwickelt haben, kann uns helfen, trotz großer Belastungen unser seelisches Gleichgewicht zu erhalten. Wie bereits erwähnt, können wir jeden Aspekt der Realität einschließlich der Gedanken und Emotionen als Energie mit einer bestimmten Schwingungsfrequenz verstehen. Alle unsere Gefühle und Überzeugungen, die unbewußten ebenso wie die bewußten, sind zwar nichtmateriell, aber trotzdem real. Wir können sie uns als unsichtbare Gliedmaßen vorstellen, die ebenso wie die Gliedmaßen unseres physischen Körpers nur funktionsfähig bleiben, wenn ihnen Energie zugeführt wird. Immer wenn wir andere Menschen in irgendeiner Hinsicht verurteilen – indem wir sie beispielsweise als herrschsüchtig, unselbständig, anspruchsvoll, aggressiv oder passiv bezeichnen –, offenbart sich uns eines unserer eigenen Verhaltensmuster. Wenn Sie beispielsweise finden, daß ein Freund ständig etwas von Ihnen oder anderen will und daß er generell sehr unselbständig ist, dann hat diese Person Ihr eigenes Gefühl der Unzulänglichkeit angesprochen. Und wenn Sie einen Abteilungsleiter als autoritär empfinden, erinnert dieser Mann Sie an Ihre eigene Tendenz, Dinge bestimmen zu wollen. Die Urteile, die Sie auf andere projizieren und die Sie in Ihren Interaktionen einschränken, sind in Wahrheit Aspekte Ihrer selbst, die Ihnen durch das Verhalten und Benehmen der anderen zu Bewußtsein kommen.

Wenn Sie ein Muster, das Sie bei anderen Menschen wahrnehmen, nicht als Ihr eigenes erkennen, leugnen Sie es: Sie versuchen, den Persönlichkeitsanteil, der das Urteil fällt, als »nicht meiner, sondern seiner (oder ihrer)« abzutun. In Wirklichkeit hat Ihre Reaktion jedoch kaum etwas mit der anderen Person zu tun, sondern sie spiegelt einen Aspekt von Ihnen selbst, den Sie noch nicht als solchen erkannt beziehungsweise anerkannt haben. Indem Sie die betreffende Eigenschaft nicht als Ihre eigene akzeptieren, blockieren Sie Energie. Auch wenn Sie ständig negative oder herabsetzende Gedanken wie »Ich bin nicht gut genug«, »Ich habe nie genug Zeit« oder »Das werde ich nie schaffen« mit sich herumschleppen, binden Sie große Mengen persönlicher Energie. Sie leugnen dadurch, daß Sie in der Lage sind, ein befriedigendes Leben zu führen. Wenn Sie solche negativen Gedanken pflegen, sie für wahr und für dauerhafte Gewißheiten halten, berauben Sie sich selbst Ihrer Kraft.

Die Energie, die durch das Aufrechterhalten solcher Muster gebunden wird, fehlt uns sowohl im Privat- als auch im Berufsleben. Es kann nützlich sein, sich ein wenig mit der Entstehungsgeschichte derartiger Muster zu beschäftigen, doch kann das Analysieren von Erfahrungen aus der Vergangenheit, wenn es über ein gewisses Maß hinausgeht, auch ineffektiv werden. Oft bleibt ein Rest des energetischen Musters in den Zellen zurück, und mit diesem müssen wir uns beschäftigen, um das Muster völlig aufzulösen. Es gibt jedoch neben der Untersuchung der Entstehungsgeschichte auch noch eine andere Möglichkeit, auf solche Muster einzuwirken und sie aufzulösen: die Reiki-Selbstbehandlung.

Die Existenz der Muster anzuerkennen ist der erste Schritt ihrer Auflösung und damit auch zur Befreiung der Energie, die durch sie gebunden ist. Wenn Ihnen klargeworden ist, daß Sie im Banne Ihrer Emotionen oder Gedanken wie »Ich bin nicht gut, klug, tüchtig (usw.) genug« stehen, können Sie Ihre heilenden Hände genau auf die Stelle Ihres Körpers legen, wo das betreffende Muster nach Ihrem Empfinden am stärksten auf Ihr physisches Sein wirkt. (Falls Sie die Emotion oder den Gedanken nicht lokalisieren können, können Sie Ihre Hände auch einfach auf Ihr Herz legen.) Durch die Reiki-Energie, die Sie an diese Stelle Ihres Körpers leiten, breiten sich mit der universellen Lebensenergie automatisch Gefühle der Entspannung und des Wohlbehagens in Ihrem Körper aus. Sie akzeptieren dann Ihren emotionalen

Zustand genau so, wie er in diesem Augenblick ist, statt ihn zu leugnen, zu rechtfertigen oder zu analysieren. Mit dieser Erlaubnis, einfach so zu sein, wie Sie sind – wobei Sie Ihre Emotionen aus der Perspektive des Zeugen betrachten, einem Zustand nichteingreifenden Gewahrseins, – lösen die Emotionen sich auf. Indem wir uns das Muster zu eigen machen, das wir zuvor abgelehnt oder ignoriert hatten, uns jedoch nicht mit der Forderung belasten, es verändern oder auflösen zu müssen, geben wir den Emotionen die Möglichkeit, sich auf die ihnen gemäße Weise zu entfalten und allmählich in eine kreativere Energie zu verwandeln, die unseren Zielen und unserer weiteren Entwicklung förderlicher ist.

Wenn Sie beispielsweise Angst haben, können Sie völlig in die Illusion eintauchen, daß Sie Angst *sind* und daß in Ihrem Leben nichts außer dieser Angst existiert. Sie halten die Angst dann für real. Sie glauben an sie. Ein energetisches Muster dieser Art, das über längere Zeit in Ihrem mentalen oder emotionalen Körper aufrechterhalten bleibt, kann durch die intensive Identifikation mit ihm Krankheiten wie Kolitis oder Magengeschwüre hervorrufen. Wenn wir das Gefühl haben, daß wir in den Tiefen eines starken energetischen Musters zu ertrinken drohen, kann Reiki wie eine Rettungsleine fungieren. Durch die universelle Lebenskraft, die unsere Zellen bei der Reiki-Selbstbehandlung aufnehmen, wird der ganze Körper mit einem Wohlgefühl überflutet und seine wesenseigene Harmonie und Ganzheit aktiviert. Durch Fokussierung des Geistes auf dieses positive Gefühl weitet dieses sich aus, so daß Ihre gesamte Aufmerksamkeit davon absorbiert wird. Das Leben ist ein unablässiges kreatives Fließen, und

85

das, worauf Sie Ihren Geist konzentrieren, gewinnt in Ihrer Erfahrung an Bedeutung.

Manchmal ist es schwierig, den Geist zu befreien, wenn er unter dem Einfluß eines negativen mentalen oder emotionalen Musters steht. In solchen Fällen können Sie ein Bild benutzen, das Sie in eine positive Stimmung versetzt, beispielsweise den Flug eines Falken in großer Höhe, die Schönheit eines neugeborene Babys oder den beruhigenden Rhythmus der Meereswellen. Wenden Sie Ihr Bewußtsein von dem störenden negativen Muster ab, und konzentrieren Sie sich auf positive, erhebende Gedanken und Bilder, denn dadurch wird die Frequenz Ihrer Schwingungen angehoben. Dieses positive Gefühl können Sie nutzen, um Ihr negatives Muster zu akzeptieren.

Falls es Ihnen schwerfällt, Ihren Geist von dem problematischen Zustand oder der entsprechenden Emotion abzuziehen, können Sie den Prozeß unterstützen, indem Sie während der Reiki-Selbstbehandlung die folgenden Sätze in der angegebenen Reihenfolge sprechen:

1. *»Ich spüre dich.«* – Sie erkennen an, daß die Emotion existiert.
2. *»Ich akzeptiere dich.«* – Sie gestehen der Emotion zu, einfach so zu sein, wie sie ist.
3. *»Ich umarme dich.«* – Sie trösten sich, wie eine Mutter ein Kind tröstet, wenn es sich verletzt hat. Dieser letzte Satz hilft Ihnen zu erkennen, daß die Emotion oder der Gedanke aus einem verletzten Teil von Ihnen selbst hervorgegangen ist. Indem Sie sagen: »Ich umarme dich«, gestehen Sie sich ein:

»Das bin ja ich! Ein weiterer Teil von mir, den ich mir wieder zu eigen machen kann.«

Sprechen Sie alle drei Sätze mit der Intention, wirklich intensiv mit sich selbst zu kommunizieren und sich zu nähren. Nehmen Sie sich soviel Zeit, wie Sie brauchen, um Ihre Emotion oder Ihren Gedanken wirklich voll zu erfahren und um sich ihrer/seiner völlig bewußt zu werden. Sie hören einem sehr wichtigen Botschafter zu. Schenken Sie ihm soviel Aufmerksamkeit, wie Sie einem Menschen schenken würden, der in Ihrem Leben eine bedeutende Rolle spielt. Wenn Sie auf diese Weise in einen Dialog mit sich selbst eintreten, wird Ihnen klarwerden, was für ein gewichtiger Verbündeter Sie bei Ihrer Selbstheilung sind.

Nachdem Sie die zuvor beschriebenen Schritte vollzogen haben, sollten Sie sich von ihnen lösen und einfach atmen. Richten Sie Ihren Geist auf ein erhebendes Bild, und gestatten Sie Ihrem Gewahrsein, sich völlig auf diese höhere Schwingung einzustellen. Fahren Sie unterdessen mit der Reiki-Selbstbehandlung fort. Widerstehen Sie jeder Versuchung, zu der negativen Emotion oder dem negativen Gedanken zurückzukehren und erneut daran zu haften. Denken Sie stets daran, daß Sie darüber entscheiden, worauf sich Ihr Geist konzentriert.

Die Anwendung der Reiki-Technik zur Auflösung emotionaler Muster hat eine ungeheuer positive Wirkung. Wenn die Konfrontation mit einem Menschen oder einem Problem eine emotionale Explosion bei Ihnen auslöst, weil eines Ihrer emotionalen oder psychischen Muster enthüllt wird, können Sie dieses Muster mit der Drei-Schritt-Methode als einen Teil Ihrer selbst erkennen und über das Muster hinausgelangen. Was das Muster auch beinhalten und wie es aussehen mag, mit Hilfe dieser Technik können Sie es sich anschauen, ohne darüber zu urteilen. Sie bezeugen ihm Ihre Anerkennung und kehren dann in Ihren erhobenen Zustand zurück.

In diesem erhobenen Bewußtsein leben Sie aus Ihrem Zentrum und aus Ihrer Wahrheit heraus, nicht aus einer Illusion, einer Sicht der Realität, die andere Ihnen aufgezwungen haben. Mit Hilfe der Reiki-Technik zur Auflösung emotionaler Blockaden können Sie den Kontakt zu Ihrem eigenen inneren Wissen wiederherstellen, zu dem Teil von Ihnen, der Wahrheiten erkennt wie: »Ich bin nicht Angst. Ich bin ganz, habe Kraft und bin weise. Ich bin ein Teil jener kreativen Intelligenz des Universums, die die Grundlage allen Lebens ist.« Die in Ihren Zellen enthaltene universelle Lebenskraft ermöglicht es Ihnen, sich daran zu erinnern, wer Sie tatsächlich sind, während Sie die heilende Energie aufnehmen. Dadurch beginnt Ihr gesamtes Sein mit dieser kreativen Kraft zu vibrieren, statt weiterhin auf der Frequenz der alten Muster zu schwingen.

Weil die meisten von uns nicht in dem Bewußtsein aufwachsen, daß wir universelle Lebenskraft sind und daß alles Energie ist, bringen uns die Entscheidungen, die wir im Leben treffen, nicht immer der Ganzheit näher, sondern wir alle verstricken uns gelegentlich in mentale und emotionale Muster, die an unserer Lebensenergie zehren und uns auf Ebenen weit unter derjenigen befördern, die uns als Menschen entspricht. Die Anwendung der

Reiki-Technik zur Auflösung emotionaler Muster versetzt uns in einen Zustand inneren Gleichgewichts, indem wir den Kontakt zur Schöpfungskraft wiederherstellen. Wenn wir uns selbst die Hände auflegen, um uns zu heilen, fließt universelle Lebensenergie in unseren Körper und erinnert an unser angeborenes Gleichgewicht und an die Harmonie, die unserem Wesen entspricht. Dies ist eine spürbare Erfahrung, kein Konzept, das wir mit unserem Geist aufbauen müssen. Reiki mobilisiert Kräfte, durch die wir uns gesünder, stärker und lebendiger fühlen. Dadurch gelingt es unserem Geist, seine Aufmerksamkeit von den fixierten Mustern abzuwenden und unser Bewußtsein auf eine andere Ebene zu erheben. Indem wir die Reiki-Technik zur Auflösung emotionaler Blockaden über längere Zeit anwenden, können wir uns allmählich von den einschränkenden Emotionen und Überzeugungen befreien, so daß schließlich unser wahres Potential erblüht.

4

Ein Weg zur Verbesserung des Wohlbefindens

*D*ie Gesundheitssysteme der westlichen Industrieländer befinden sich in einem dramatischen Veränderungsprozeß, bei dem es darum geht, einerseits erstklassige Dienstleistungen anzubieten und innovative neue Behandlungsmethoden zu finden, andererseits aber auch die Behandlungskosten in einem vertretbaren Rahmen zu halten. Um dem Patienten eine möglichst gute Behandlung garantieren und gleichzeitig die Genesungszeit möglichst verkürzen zu können, werden heute verstärkt die alternativen Behandlungsansätze untersucht. Behandlungsmethoden wie Reiki, Akupunktur, Biofeedback, Hypnose, Massage, therapeutische Berührung und Visualisation gewinnen als Ergänzungen konventioneller medizinischer Behandlungsmethoden an Bedeutung. Durch diesen Trend zur Einbeziehung nicht-schulmedizinischer Methoden tritt der Aspekt der ganzheitlichen Behandlung in den Vordergrund.

Die westliche Medizin hat zwar hochkomplizierte Methoden zur Behandlung von Krankheiten und Traumata entwickelt, darüber jedoch das Allgemeinbefinden des Patienten vernachlässigt. Gerade bei Patienten, die an unheilbaren Krankheiten leiden, und auch bei chronisch Kranken können durch integrative Ansätze – Kombinationen von Alternativmethoden und schulmedizinischen Verfahren – bestimmte körperliche und emotionale Probleme sehr wirksam behandelt werden. Dabei steigt insbesondere die Lebensqualität dieser Patienten.

Therapien, die die Mentalenergie des Patienten ansprechen, bewirken bei den Kranken oft eine Veränderung der Lebensweise, der Einstellung oder der Ansichten.

Bei Martha war eine Fasergeschwulst diagnostiziert worden. Weil sie vor der notwendigen Operation große Angst hatte, empfahl der Arzt ihr eine Reiki-Behandlung. Wegen der Größe des Tumors war Martha seit zwei Jahren stark in ihren normalen alltäglichen Aktivitäten behindert. Im Laufe der Reiki-Behandlungssitzungen schrumpfte der Tumor allmählich, so daß er schließlich nur noch die Größe eines Golfballs hatte. Als dies eingetreten war, beschloß Martha, selbst an einem Reiki-Kurs teilzunehmen, um auch zwischen den Behandlungssitzungen an ihrer Heilung mitarbeiten zu können. Während der Tumor weiter schrumpfte, wurde sich Martha allmählich ihrer Wut darüber bewußt, daß man sie als Kind in einem Krankenhaus alleingelassen hatte. Aufgrund dieser Erkenntnis veränderte sich ihre Einstellung gegenüber der bevorstehenden Operation völlig. Sie fürchtete sich nun nicht mehr davor, sondern fing an, sich bewußt auf den chirurgischen Eingriff und die nachfolgende Genesungszeit vorzubereiten.

Ihre Familie schenkte ihr in dieser Zeit soviel Aufmerksamkeit, wie sie bekommen wollte. Die Operation verlief gut. Sie bildete den krönenden Abschluß einer Heilerfahrung, die alle Ebenen der Existenz, also nicht nur die körperliche, sondern auch die mentale und emotionale, umfaßte. Die Reiki-Sitzungen hatten es Martha ermöglicht, die Empfehlung ihres Arztes in die Tat umzusetzen.

Holistische Therapien erweitern nicht nur die Heilungsmöglichkeiten, sondern sind auch relativ preisgünstig und erfordern

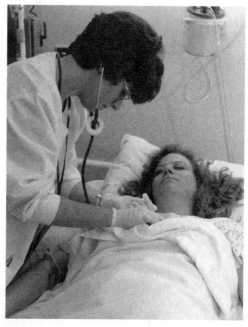

Reiki steigert die Effektivität des Pflegepersonals.

kaum technologische Voraussetzungen. Da der Kostenaspekt im Gesundheitswesen eine immer wichtigere Rolle spielt, stellen Zusatztherapien wie Reiki eine ausgezeichnete Möglichkeit dar, mit minimalem Kostenaufwand die Behandlungsqualität erheblich zu verbessern.

Reiki läßt sich gut mit anderen Therapieformen verbinden, weil die universelle Lebensenergie unaufdringlich wirkt und trotzdem sehr hilfreich ist. Da Reiki unabhängig vom Bewußtsein wirkt, wird die Heilungsfähigkeit von Ärzten und Helfern durch diese Methode positiv beeinflußt, ohne daß die Aufmerksamkeit und Konzentration, die sie auf ihre herkömmlichen therapeutischen Aktivitäten verwenden müssen, darunter leiden.

Da Reiki in der Öffentlichkeit immer mehr Anerkennung findet, werden auch die schulmedizinisch orientierten Gesundheitsinstitutionen allmählich auf diese Behandlungsmöglichkeit aufmerksam. In diesem Kapitel werden wir an einigen Beispielen die positive Ergänzung zu herkömmlichen medizinischen Behandlungsmethoden veranschaulichen. Reiki läßt sich in vielen Bereichen sinnvoll einsetzen, nicht nur bei der Behandlung von Krankheiten, sondern auch in der Altenpflege, der Hospizarbeit und der Psychotherapie.

REIKI IM KRANKENHAUS

Da Reiki keine besonderen Voraussetzungen oder Vorbereitungen erfordert, kann es in Krankenhäusern in jeder Situation verwendet werden, auch in Tageskliniken, bei der Notfallbehandlung, auf der Intensivstation oder im Operationsraum. Reiki läßt sich an jedem Punkt einer Behandlung einsetzen, und man kann es sowohl separat als auch in Verbindung mit anderen Therapien verwenden. Reiki wirkt positiv auf Streß, starke Erregungs-zustände und akute chronische Schmerzen, fördert den gesunden Schlaf und wirkt stärkend. Es fördert die Auflösung von Emotio-nen wie Trauer, Wut und Angst und wirkt sich auch in der rein lindernden Behandlung positiv aus. Reiki hat weder Nebenwir-kungen noch Kontraindikationen, und es eignet sich zur Behand-lung aller Altersstufen und Bevölkerungsgruppen. Eine Reiki-Behandlung kann ein Patient im Liegen, Sitzen oder Stehen

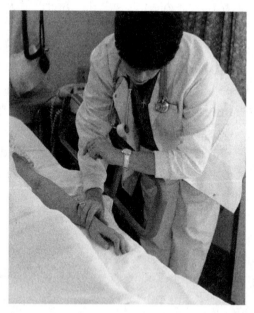

Die Reiki-Berührung kann auch beim Pulsmessen positiv wirken.

erhalten, und sie kann sowohl in der ruhigen Atmosphäre eines privaten Krankenzimmers als auch in der Hektik eines Notfallbehandlungsraums gegeben werden. Für die Reiki-Behandlung brauchen die Patienten sich auch nicht aus- oder umzuziehen, denn die Reiki-Energie durchdringt selbst Gipsverbände.

Weil der Patient bei der Reiki-Behandlung nicht bei Bewußtsein zu sein braucht, können Patienten in jedem mentalen und emotionalen Zustand sie erhalten, selbst wenn sie keinerlei Reaktion zeigen, weil sie sich beispielsweise im Koma befinden. Auch desorientierte, stark erregte oder verängstigte Patienten sowie solche, die sich in irgendeinem anderen gestörten Zustand befinden, können von einer Reiki-Behandlung profitieren. Dabei kann sowohl die vollständige Reiki-Behandlungssequenz oder ein Teil derselben ausgeführt werden, so wie es unter den jeweiligen Gegebenheiten möglich ist. Selbst kurze Reiki-Berührung beim Fieber- oder Pulsmessen hat oft eine positive Wirkung auf den Patienten. Wenn komplizierte Meßgeräte den Kontakt zum Körper des Patienten erschweren, kann die Reiki-Behandlung auf die erreichbaren Körperregionen beschränkt werden. Als Libby und eine ihrer Kolleginnen einmal bettlägerigen Krebspatienten Reiki-Behandlungen gaben, machten die medizinischen Geräte am Bett der Kranken es unmöglich, ihnen eine vollständige Reiki-Behandlung zu geben. Deshalb gaben die beiden Frauen die Behandlung an den leicht erreichbaren Körperbereichen und erzielten in nur fünfzehn Minuten bei allen Empfängern erstaunliche Wirkungen: Die innere Erregung der Patienten wurde beruhigt, sie schlossen die Augen, ihre Atmung wurde tief und regelmäßig, und sie traten in

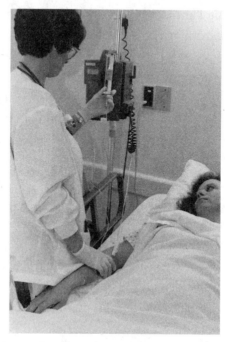

Die meisten Krankenschwestern, die wir unterrichten,
setzen Reiki bei der Betreuung ihrer Patienten ein.

einen Zustand tiefer Entspannung ein. Eine Chirurgin, die Reiki
bei ihrer Arbeit einsetzt, hat uns erzählt, die Patienten seien mit
Reiki weniger ängstlich, ruhiger und entspannter und litten nach
Operationen weniger stark unter Schmerzen und Unbehagen.
Außerdem würden Wunden in den meisten Fällen schnell und
ohne Komplikationen heilen.

Die meisten Krankenschwestern, die bei uns die Reiki-
Behandlung erlernt haben, benutzen diese Methode regelmäßig

bei ihrer Arbeit mit Kranken. Von ihnen wissen wir, daß nach einer Reiki-Behandlung regelmäßig bestimmte Veränderungen bei den Patienten zu beobachten sind. Dazu gehören:

- Die Patienten »bekommen mehr Farbe« (d.h., die Blutzirkulation wird verbessert).
- Ihre Hände und Füße werden wärmer.
- Sie schlafen tief und lange.
- Eine Entspannungsreaktion wird hervorgerufen.
- Nach anstrengenden Behandlungsmaßnahmen brauchen sie weniger Zeit, um sich wieder zu beruhigen.
- Ihre Grundeinstellung ist positiver.
- Sie sind kooperativer.
- Sie berichten, daß sie weniger Schmerzen haben.

Die Wirkung der Entspannungsreaktion läßt sich nicht leicht beschreiben, doch ist sie eindeutig da. Beispielsweise berichten Patienten, die sich in einer Chemotherapie befinden, daß die Unannehmlichkeiten und Beschwerden, die bei solchen Behandlungen häufig auftreten, durch eine begleitende Reiki-Behandlung verringert würden. Ein Aids-Patient hat gesagt: »Reiki wirkt so sanft. Das ist die einzige Behandlung, durch die ich mich besser fühle. Bei allen anderen bekomme ich nur noch mehr Schmerzen.« Die Betreffenden *meinen* nicht nur, daß Reiki ihren Zustand verbessert, sondern die Besserung tritt tatsächlich ein. Mit Reiki behandelte Patienten werden sowohl körperlich als auch psychisch mit ihrer Krankheit besser fertig.

Einer Lehrerin, der eine Knochenmarktransplantation bevorstand, wurde von einer Kollegin empfohlen, sich vor der Operation mit Reiki behandeln zu lassen. Sie hatte noch nie etwas von Reiki gehört, vertraute jedoch ihrer Freundin, daß diese Behandlung sie stärken und auf die bevorstehende schwierige Prozedur optimal vorbereiten würde. Nach der Reiki-Behandlung, die schweigend vonstatten ging, sah sie ihre Krebserkrankung in einem völlig anderen Licht. Vor der Reiki-Sitzung habe sie geglaubt, es gebe »gute« und »schlechte« Zellen, und sie habe sich vorgestellt, daß die »guten« Zellen die »schlechten« töten würden. Nun sei ihr jedoch klargeworden, daß die Krebszellen ein aus dem Gleichgewicht geratener Teil von ihr seien. Sie war völlig überrascht, daß sie diesen Zellen gegenüber plötzlich Liebe empfand. Sie akzeptierte sie nun und bemerkte, daß sie sich ihrer ursprünglichen Funktion erinnerten. Sie stand nun der vor ihr liegenden Transplantation positiver gegenüber und ging ermutigt nach Hause. Die Behandlung verlief erfolgreich, und fünf Monate danach fing sie wieder an, auf Teilzeitbasis zu unterrichten.

Reiki stellt das Gleichgewicht innerhalb des menschlichen Energiefeldes wieder her und hilft so dem Patienten, seine biologischen Heilungskräfte für die Genesung zu mobilisieren. Manchmal kann eine Reiki-Behandlung auch eine Verringerung der Medikamentendosis ermöglichen.

Bei Ann war eine Netzhautablösung diagnostiziert worden, die eine sofortige Notoperation erforderlich machte. Die vorbereitende Untersuchung war für Ann so schmerzhaft, daß sie zu weinen anfing und starke Angst bekam. Ihr Partner Mike legte seine Hände auf ihre Schultern und gab ihr Reiki. Daraufhin entspannte sie sich allmählich und spürte zu ihrer eigenen Überraschung während der gesamten weiteren Untersuchung keine Schmerzen mehr. Nach der dreieinhalbstündigen Operation ruhte sich Ann aus, während Mike ihr auf das bandagierte Auge Reiki gab. Als eine Krankenschwester sie fragte, ob sie nicht ein Mittel gegen die Schmerzen haben wolle, war Ann über die Frage völlig überrascht. Ihr Auge fühlte sich verklebt an, aber sie hatte keine Schmerzen. Die Schwester nahm Mike mit auf den Flur und sagte zu ihm: »Augenoperationen sind normalerweise sehr schmerzhaft. Ich verstehe nicht, daß sie kein Schmerzmittel braucht.« Ann blieb drei Tage im Krankenhaus. Ihr Auge heilte sehr schnell, und während der letzten beiden Jahre sind keine weiteren Komplikationen mehr aufgetreten.

Krankenschwestern erzählen uns häufig Geschichten über die Nützlichkeit von Reiki in Fällen, in denen mit konventionellen Behandlungsmethoden keine Besserung erzielt werden konnte. Auch Pflegerinnen, die selbst keine Reiki-Ausbildung haben, bestätigen die positive Wirkung von Reiki und fordern Kolleginnen, die die Reiki-Initiationen erhalten haben, oft auf: »Tu, was auch immer du mit deinen Händen tust. Offenbar wirkt es!«

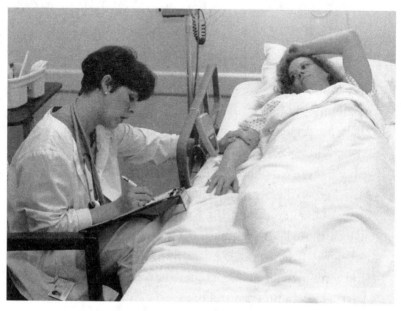

Die Reiki-Berührung verringert die Angst des Patienten.

Chirurgen und Anästhesieschwestern haben bestätigt, daß Reiki vor, während und nach Operationen sehr nützlich sein kann. Durch die Reiki-Berührung können Anästhesisten sehr schnell Kontakt zu den Patienten herstellen und dadurch deren Angst vor der bevorstehenden Narkose verringern. Sie haben es wesentlich einfacher, eine Narkose einzuleiten, wenn ihre Patienten weniger ängstlich sind. Weil die universelle Lebenskraft immer die Heilung im höchsten Sinne fördert und die Zellen der Patienten selbst entscheiden, wieviel universelle Energie sie aufnehmen, wirkt Reiki nie störend auf eine Anästhesie, und Befürchtungen, daß ein Patient eine Überdosis Reiki-Energie bekommen könnte, sind unbegründet.

Eine vierundfünfzigjährige Frau, die schon einmal wegen eines Gehirntumors operiert worden war, wurde auf eine erneute Operation vorbereitet. Sie war sehr ängstlich, weil ihr klar war, daß sie nach diesem erneuten Eingriff entstellt sein würde. Die Anästhesieschwester im Operationssaal gab der Patientin vor Beginn der Narkose einige Minuten lang Reiki und dann noch einmal, als sie schon betäubt war. Den Anästhesisten und Chirurgen fiel auf, daß das Befinden der Patientin während der Intubation und der gesamten Vorbereitung völlig normal blieb, denn bei der ersten Operation gab es Schwierigkeiten, weil der Mund der Patientin sehr klein war. Der chirurgische Eingriff verlief problemlos und dauerte nur fünfeinhalb statt der erwarteten zehn bis zwölf Stunden; der Blutverlust war gering. Die Anästhesieschwester legte während der Operation so oft wie möglich ihre Hände auf den Körper der Patientin, um ihr Reiki-Energie zu übermitteln, und gab ihr auch nach der Narkose noch einmal fünf Minuten lang Reiki. Die Patientin wachte ganz allmählich und leicht auf, ohne zu husten oder zu würgen. Sie war hellwach und ruhig, als sie in die Nachsorgeabteilung gebracht wurde. Die Ärzte waren angenehm überrascht und sprachen immer wieder über die kurze Operationsdauer und über die erstaunlich unproblematische Narkoseeinleitung.

Reiki hilft den Patienten, nach der Operation schnell wieder zu Bewußtsein zu kommen. Es beeinflußt alles, was die Krankenschwester tut, positiv, so daß sie sich ohne zusätzlichen Zeitaufwand und ohne abgelenkt zu werden, besonders gut um ihre Patienten

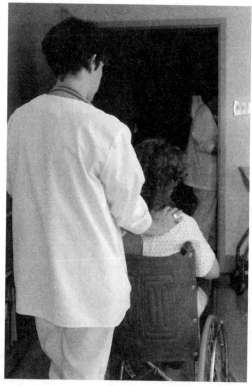

Reiki beeinflußt alles, was die Krankenschwester tut, positiv.

kümmern kann. Eine Krankenschwester hat einmal gesagt: »Wenn ich Reiki nur schon ein paar Jahre früher gekannt hätte, als eine meiner Patientinnen, die aus der Narkose erwachte und plötzlich sah, daß ihr Bein teilamputiert war, in Tränen ausbrach und mich anflehte, sie in den Arm zu nehmen!«

Ein siebenundsechzigjähriger Patient, der an einem Gehirntumor operiert worden war, reagierte nach dem Aufwachen aus der Narkose nicht auf Ansprache und war sehr aufgeregt. Er vollführte extreme Bewegungen mit den Armen und Beinen; seine Gliedmaßen ruderten ungelenk, und er konnte nur durch einen Sicherheitsgurt von extremen Beinbewegungen abgehalten werden. Die diensthabende Krankenschwester legte eine Hand auf das Herz des Patienten, um ihm Reiki zu geben. Sofort trat eine gewisse Beruhigung ein, und die krampfartigen Bewegungen ließen nach. Nach einer Minute entfernte sie die Hand. Fünf Minuten später setzten die starke Erregung und die rastlosen Bewegungen erneut ein. Wieder legte die Schwester eine Hand auf das Herz des Patienten, und er beruhigte sich sofort. Diesmal blieb er während des restlichen Aufenthalts im Nachsorgeraum ruhig.

Reiki kann besonders nach einer Operation zur Linderung der Schmerzen beitragen und die Heilung fördern. Oft sind die Schmerzen stärker, als die Patienten erwartet hatten, und auch

die Nachwirkungen der Operation machen sich länger bemerk-
bar, als erwartet. Schmerz und Frustration in Verbindung mit der
Angst, die Operation könnte erfolglos gewesen sein, belasten
einen Patienten ziemlich stark. Eine Patientin, die nach einer
Operation an der Schulter unter starken Schmerzen litt und deshalb sehr frustriert war, sagte: »Der Arzt weiß nicht, warum ich
immer noch so starke Schmerzen habe, und der Physiotherapeut
wiederholt nur ständig, bei so einer Sache müsse man geduldig
sein. Aber das geht jetzt schon zwei Monate so, und es hat sich
nichts getan. Ich wünsche mir, daß dieser Schmerz endlich auf-
hört.« Auch dieser Patientin half Reiki. Zwar verschwand ihr
Schmerz nicht völlig, wurde aber doch erträglicher.

Ellen befand sich nach einer Gebärmutteroperation in der
Genesungsphase. Nach ihrer Entlassung aus dem Krankenhaus erkrankte sie an einer Blaseninfektion und litt
unter starken Schmerzen. Sie konnte nicht urinieren und
mußte deshalb einen Katheter benutzen. Ihre Schwester
rief Maggie an und bat sie, Ellen eine Reiki-Behandlung zu
geben. Nachdem Ellen ein paar Minuten lang auf dem
Kopf Reiki empfangen hatte, wurde ihre Atmung tiefer,
und sie schlief fest ein. Maggie fuhr mit den Kopf- und
Brustpositionen der vollständigen Reiki-Sequenz fort und
behandelte Ellen vierzig Minuten lang. Am nächsten Tag
rief Ellens Mann Maggie an und fragte sie ungläubig: »Was
haben Sie mit ihr gemacht? Seit Ellen wieder aufwachte,
fühlte sie sich nicht nur wohl, sondern hat auch zum

ersten Mal seit zwei Wochen normal Wasser gelassen.«
Nach dieser einen Reiki-Behandlung blieb Ellen schmerzfrei und wurde von diesem Zeitpunkt an schnell wieder
gesund.

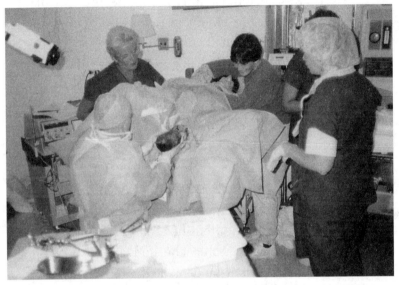

Reiki erleichtert Wehen und Geburt.

Reiki beeinflußt auch alle Vorgänge positiv, die mit der Geburt in
Zusammenhang stehen. Zahlreiche Geburtshelferinnen und Heb-
ammen haben die gute Wirkung von Reiki bei der Geburtshilfe
bestätigt. Reiki ist sehr nützlich bei Beckenuntersuchungen; eine
kurze Behandlung an Bauch und Oberschenkeln beruhigt und
entspannt die werdende Mutter. Eine Reiki-Behandlung während
des Geburtsprozesses scheint eine geringere Medikamentendosis

zu ermöglichen, die Wehenzeit zu verkürzen und die Gefahr von Komplikationen zu verringern. Die heute immer noch vorherrschende, rein medizinische Sicht des Geburtsvorgangs konzentriert sich auf Faktoren wie Größe und Lage des Fötus, die Beschaffenheit des Beckens der Mutter, ihr Kontraktionsmuster und ihre medizinische Vorgeschichte. Mit Hilfe von Reiki wird es möglich, das menschliche und universelle Energiefeld in den Geburtsvorgang einzubeziehen. Durch Reiki-Behandlungen während der Wehen und der Geburt können Ängste, Schmerzen und Übelkeitsgefühle sehr stark verringert werden.

Die Chirurgin Pamela Pettinati, die oft in Ländern der Dritten Welt arbeitet, hat bei ihrer Tätigkeit gute Erfahrungen mit Reiki gemacht. Als sie sich einmal in einem Entwicklungsland auf die Operation von Hasenscharten und Brandwundenverwachsungen vorbereitete, merkte sie bei einer letzten Überprüfung der für die Operationen notwendigen Utensilien, daß zwar der Sauerstoff, die Medikamente, die Luftschläuche und die Überwachungsgeräte für die Narkose bereitstanden, die Kauterisationsmaschine jedoch noch nicht eingetroffen war. Auf die Frage, womit sie denn Blutungen stillen wollte, antwortete sie: »Mit Reiki.« Allerdings benutzte sie Reiki nicht direkt zum Stillen von Blutungen, sondern die Blutungen waren ohnehin minimal, weil sie den Patienten Reiki gab. Auf diese Weise operierte sie viele Babys, Kleinkinder und Erwachsene; in keinem Fall traten Probleme infolge von Blutungen oder andere Komplikationen auf.

Dr. Pettinati berichtet: »Der zuverlässige, wiederholbare Erfolg von Reiki bei diesen Operationen entkräftet das Argument, daß nur ganz bestimmte Patienten ausgewählt worden seien oder daß ich einfach Glück gehabt hätte. Die Patienten kamen aus sehr entlegenen Gebieten. Oft hatten sie nur ein einziges Mal, und zwar Monate früher, einen lokalen Heilkundigen aufgesucht, der sie auf eine Operationsliste gesetzt hatte. Bei niemandem war zuvor eine Blutuntersuchung durchgeführt worden, denn in dieser Region gab es kein Labor, wo dies hätte geschehen können. Keiner der Patienten hatte je etwas über Reiki gehört. Da es unter so extremen Bedingungen nicht möglich ist, die Wirksamkeit von Reiki nach wissenschaftlichen Kriterien zu untersuchen, müssen die Geschichten über die Wirkung dieser Behandlungsmethode sich zwangsläufig auf das Charakteristische beschränken. Doch ist schon die bloße Zahl der positiven Berichte und die Verläßlichkeit, mit der diese positiven Wirkungen eintraten, in meinen Augen überzeugend.

Bei meinen Operationen in Missionsstationen in Südamerika war ich oft sehr frustriert, weil mir nie genug Material für unsere Arbeit zur Verfügung stand. Die Not war groß, und unsere Möglichkeiten, sie zu lindern, erschienen uns so gering. In solchen Situationen war Reiki ein wahrer Segen. Selbst wenn ich nichts anderes für einen Kranken und seine Familie tun konnte, spendete ich mit meinen Händen Trost, brachte mein Mitgefühl zum Ausdruck und übermittelte mit Hilfe von Reiki Lebensenergie.«

Berührung ist eine sehr einfache Möglichkeit, Anteilnahme zum Ausdruck zu bringen. Die Entspannungsreaktion, die erfolgt, wenn Menschen diese Anteilnahme spüren, zeigt, daß zwischen Berührung und Gesundheit eine grundlegende Beziehung besteht.

Die Chirurgin Dr. med. Pamela Pettinati.

Reiki macht Helfern bewußt, daß in jeder Berührung ein Heilungspotential enthalten ist. Bei der Erledigung von Routineaufgaben und während sie sich um die physischen Bedürfnisse der Patienten kümmern, ist ihnen bewußt, daß sie im Bedarfsfall jederzeit auf Reiki zurückgreifen können. Ärzte und Pfleger, die eine Reiki-Ausbildung erhalten haben, besitzen ein stärkeres Vertrauen in ihre Fähigkeit, mit allen Situationen, die bei ihrer Arbeit mit Patienten auftreten, umgehen zu können.

108

Viele Ärzte und Pfleger haben die Erfahrung gemacht, daß Reiki ihre Kommunikationsfähigkeiten im Umgang mit den Patienten verbessert und ihnen präzisere Diagnosen ermöglicht. Ein Arzt berichtet, seine Teilnahme an einem Reiki-Kurs habe sich positiv auf seine geistige Klarheit und Intuition ausgewirkt. Bei einer Überprüfung seiner Diagnosen bezeichnete er diejenigen als »brillant«, bei denen sich seine Intuition als optimale Ergänzung seiner klinischen Erfahrung und seines Expertenwissens erwiesen hatte. Insofern mußte ihm Reiki wie ein Geschenk des Himmels erscheinen. Er sagte: »In unserer medizinischen Ausbildung sind wir dazu erzogen worden, an Krankheiten mit einer Art Kochbuchmentalität heranzugehen. Aber das allein reicht nicht immer aus. Die wirklich überragenden Diagnosen werden aus dem Herzen heraus gestellt, nachdem zuvor alle Fakten analysiert und bewertet worden sind. Durch Reiki gewinnt das Herz in der Medizin eine größere Bedeutung.«

Eine Notfallärztin mit fünfzehnjähriger Berufserfahrung nahm auf Empfehlung ihrer Tochter an einem Reiki-Kurs teil, weil die Tochter Reiki bei ihrer Arbeit als Assistenzärztin zu schätzen gelernt hatte. Die Ärztin hatte nicht im entferntesten daran gedacht, Reiki bei der Notfallbehandlung einzusetzen, und sie hatte ihre Teilnahme an dem Reiki-Kurs auch nicht als Möglichkeit zur Erweiterung ihrer Behandlungsmethoden gesehen. Doch merkte sie nach dem Reiki-Kurs einige unerklärliche Veränderungen in ihrer medizinischen Arbeit. Wenn sie Patienten während einer Routineuntersuchung berührte, wurden ihre Angst und ihr Schmerz oft deutlich gelindert, so daß sie zuverlässigere

Untersuchungsergebnisse erzielte. Auch ihre Fragen während der Erfassung der Krankengeschichte waren zielgerichteter geworden, so daß sie schnell zur Ursache der aktuellen Probleme vorstieß. Ihr gesteigertes Gewahrsein und ihre verbesserte Intuition verhalfen ihr zu entschlosseneren Entscheidungen, was in der Notfallbehandlung häufig wichtig ist. So stellte sich bei der Untersuchung eines angeblichen Unfalls einmal heraus, daß es in Wahrheit um Kindesmißhandlung ging.

Diese Ärztin ist bekannt für ihre richtigen Einschätzungen, wenn es darum geht, über die Verlegung von Patienten per Hubschrauber in ein Traumazentrum zu entscheiden. Wenn sie Patienten ihre Hände auflegt, verändert sich deren Zustand oft so stark, daß es ihnen bei ihrer Ankunft im Traumazentrum besser geht als bei der Einlieferung in die Unfallstation. »Ich laufe ständig Gefahr, daß mir vorgeworfen wird, ich hätte blinden Alarm geschlagen«, sagte sie, »aber das ist mir lieber, als wenn ich mir vorhalten müßte, daß ich mich nicht genügend um jemanden gekümmert habe.« Sie sieht den Wert von Reiki auch darin, daß die Behandlungszeit durch diese Methode verkürzt und die Arbeit des medizinischen Personals effektiver gemacht werden kann. Mit Reiki müssen weniger Unfallpatienten in das Traumazentrum verlegt werden, und da sie die Situation durch die Wirkung der universellen Lebensenergie stabilisieren kann, sind seltener teure Interventionen und Operationen erforderlich. Die Notfallärztin bestätigt, daß sich ihre Arbeit seit ihrer Teilnahme an jenem Reiki-Kurs völlig verändert habe.

Viele Teilnehmerinnen unserer Reiki-Kurse sind ausgebildete Krankenschwestern, die jedoch nicht viel Zeit im direkten Kontakt mit Patienten verbringen. Die meisten Krankenschwestern wählen ihren Beruf aus dem tiefen Bedürfnis heraus, anderen Menschen zu helfen. Doch verbringen sie in ihrem Berufsalltag meist mehr Zeit mit technischen Geräten als mit Patienten. Die komplizierten Arbeitsabläufe im heutigen Krankenhausbetrieb beanspruchen einen großen Teil der Zeit des Pflegepersonals, und wenn der situationsbedingte Streß so stark wird, daß die Pflegerinnen und Pfleger nicht mehr genügend Zeit haben, um sich optimal um die Patienten zu kümmern, können immense Spannungen und starke Frustration entstehen, was wiederum zu Erschöpfung führen kann. Angesichts dieses Dilemmas kann Reiki hilfreich sein, denn Reiki bewirkt, daß selbst so einfache Dinge wie Blutdruck- oder Temperaturmessen eine positive Wirkung haben. Auch bei der Erledigung von Routinearbeiten erzeugen kurze Augenblicke anteilnehmender Berührung beim Patienten ein positives Gefühl und neutralisieren jene unpersönliche Atmosphäre, die für Krankenhäuser typisch ist. Die Patienten haben das Gefühl, mehr zu bekommen – und das ist ja auch so. Dadurch gewinnen sie Vertrauen zum Pflegepersonal, und ihre Kooperationsbereitschaft wird verstärkt.

Auf die Kommunikation des Pflegepersonals und das Befinden der Helfer selbst kann sich Reiki ebenfalls positiv auswirken. Krankenschwestern, die einander Reiki-Behandlungen geben, sind überzeugt davon, daß die Atmosphäre im Team und die

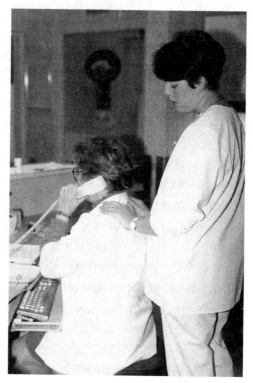

Reiki hilft, die Atmosphäre im Team und die
Zusammenarbeit zu verbessern.

Zusammenarbeit sich erheblich verbessere. Pflegerinnen können einander bei Besprechungen oder bei Schichtwechsel fünf Minuten Reiki geben, während sie über die Situation der Patienten sprechen. Reiki löst die während der Arbeit aufgebauten Spannungen auf und verbessert während des Gesprächs gleichzeitig die Konzentration. Eine Stationssekretärin besuchte einen Reiki-

112

Kurs, weil sie eine Linderung ihrer chronischen arthritischen Schmerzen festgestellt hatte, seit Kolleginnen ihr am Schreibtisch gelegentlich kurze Reiki-Behandlungen an den Schultern und am Rücken gaben.

Da die Reiki-Berührung den Gebern ebenso zugute kommt wie den Behandelten, empfangen erstere bei der Übermittlung der Reiki-Energie auch selbst die universelle Lebenskraft. Reiki verbessert nicht nur das körperliche Befinden und regeneriert die Energie der Behandelten, sondern hilft auch den Helfern, ihre geistige Klarheit und emotionale Stabilität aufrechtzuerhalten. Die Reiki-Behandlung unterstützt Helfer auf allen Ebenen, denn sie bestärkt sie darin, ihre fachspezifischen Fähigkeiten durch menschliche Anteilnahme zu bereichern. Dadurch kommen sie wieder mit dem ursprünglichen Motiv ihrer Berufswahl in Kontakt. Reiki weckt bei den Helfern neuen Enthusiasmus und erweitert die Wirkungsmöglichkeiten in der Krankenpflege.

Eine Nonne, die als Krankenpflegerin arbeitet, sagte: »Ich wünschte mir, ich könnte meine berufliche Laufbahn noch einmal von vorn beginnen! Der direkte Kontakt mit den Patienten wird heute weitgehend den Hilfsschwestern übertragen. Ich bedaure es sehr, daß ich diese Arbeit nicht mehr selbst tun kann. Wir können die Kunst des direkten Umgangs mit den Patienten verlernen, wenn wir uns nicht darum bemühen, sie zu verfeinern. Beginnen müssen wir damit in der Pflegearbeit. Deshalb sollten alle Pflegeschüler Reiki erlernen.« Mit Hilfe von Reiki kann die bewußte, heilende Berührung in allen Bereichen der medizinischen Behandlung wieder an Bedeutung gewinnen.

REIKI IM HOSPIZ UND IN DER PFLEGE

Reiki kann sowohl in der häuslichen Pflege als auch in Pflegeheimen und Hospizen eingesetzt werden. In einem Hospiz sollen sich Schwerkranke zu Hause fühlen können. Jeder Bewohner hat ein eigenes Schlafzimmer, es gibt eine Gemeinschaftsküche und einen gemeinsamen Wohn- und Eßraum. In manchen Hospizen gibt es auch Gästezimmer für Angehörige der Bewohner.

Das Concord Regional VNA-Hospice House, das erste Hospiz, das in New Hampshire entstand, wurde nach speziellen Vorgaben erbaut. Während der Entstehungszeit begriffen die Arbeiter allmählich den Zweck ihrer Arbeit. Die Prinzipien der Hospizarbeit gefielen ihnen, und da »ihr« Haus einmal für viele Menschen eine wichtige Rolle spielen würde, machten sie oft unbezahlte Überstunden und arbeiteten auch an freien Tagen, damit das Haus zum geplanten Zeitpunkt fertig wurde. An der Arbeit beteiligten sich auch viele freiwillige Helfer, und lokale Geschäftsleute und Bürger unterstützten das Projekt durch Spenden. Die Räume wurden in sanften, harmonischen Farben gestaltet und schön möbliert, so daß man das Gefühl hatte, in einem Landgasthaus zu sein.

Bevor die ersten Bewohner in das Hospiz einzogen, führten wir für die zukünftigen Mitarbeiter und Helfer einen Reiki-Kurs durch, um ihnen zu vermitteln, wie sie eine persönliche Verbindung zu den Bewohnern herstellen und ihnen Reiki-Behandlungen geben konnten.

Hospizmitarbeiter und freiwillige Helfer können Reiki bei allen Interaktionen mit den Hospizbewohnern verwenden: bei der Begleitung der Patienten zur Toilette und zum Bad, beim

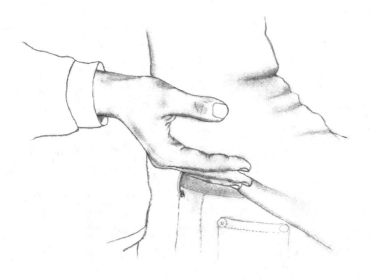

Reiki kann bei der Arbeit mit Hospizpatienten
unterstützend eingesetzt werden.

Kämmen, beim Verabreichen von Medikamenten, beim Vorlesen und Füttern, bei Spaziergängen mit den Bewohnern, bei der Physiotherapie und bei der Erledigung vieler anderer Arbeiten. Reiki gibt Augenblicken normaler Berührung, zu denen es im Laufe des normalen Alltagslebens kommt, eine zusätzliche Qualität. Durch die Berührung eines Menschen, der die Reiki-Initiationen erhalten hat, werden die Körperzellen des Empfängers dazu angeregt, universelle Lebensenergie aufzunehmen. Die Pfleger brauchen nichts Besonderes zu tun, während sie Reiki geben; sie verhalten sich äußerlich wie immer. Nicht das Verhalten der Pfleger, sondern die Erfahrung der Klienten verändert sich. Weil

115

Reiki unabhängig vom bewußten Wollen beider Seiten wirkt, brauchen Helfer sich nicht vorzunehmen, daß sie Reiki geben wollen, damit ihre Klienten von Reiki profitieren.

Eine Krankenschwester pflegte einen Alzheimer-Patienten zu Hause. Dieser klammerte sich aus extremen Angstgefühlen an alles, was in seine Reichweite kam. Für einfache Routinearbeiten benötigte die Pflegerin bei diesem Mann doppelt soviel Zeit wie normalerweise, weil sie ihn immer wieder von den Seitenlehnen seines Stuhls oder von ihrem Arm lösen mußte. Sie entschloß sich, ihm vor Beginn ihrer Arbeit jeweils fünf Minuten lang eine Reiki-Behandlung zu geben. Dadurch gewann sie viel Zeit und Energie und ersparte sich eine Menge Frustration. Die kurze Behandlung wirkte beruhigend auf den Patienten, der sich infolgedessen nicht mehr so verkrampfte. Die Schwester sagte: »Reiki ist nicht nur gut für die Menschen, sondern vermittelt ihnen auch echte Geborgenheit.«

Besonders nützlich kann Reiki sein, wenn die normalen Behandlungsmaßnahmen keinerlei Wirkung zeigen.

Reiki wurde in den Pflegeplan für ein Baby einbezogen, das von Geburt an unter einer neurologischen Störung unbekannter Ursache litt. Der behandelnde Arzt gab dem Baby Alison eine sechsmonatige Überlebenschance und sagte den jungen Eltern, sie sollten nicht damit rechnen, daß das Kind sie erkennen und auf sie reagieren würde. Als die Pflegerin mit ihren wöchentlichen Hausbesuchen begann, stellte sie fest, daß helles Licht und Geräusche

Alison aufregten und verwirrten. Die Eltern berichteten, das Kind habe immer wieder lange geschrien; sie wußten nicht mehr, wie sie sich ihm gegenüber verhalten sollten. Die Pflegerin gab dem Baby während ihrer Besuche Reiki-Behandlungen, während sie sich mit den Eltern unterhielt. Durch die Aufnahme der Lebensenergie beruhigte sich das Kind. Im Laufe der folgenden Wochen stellten die Eltern mit großer Erleichterung fest, daß Alison weniger gereizt war und besser schlief. Das Baby lernte auch, aus einer Flasche zu trinken, so daß es nicht mehr mit der Magensonde ernährt werden mußte. Mittlerweile ist Alison ein Jahr alt, wird zunehmend kräftiger und reagiert auch präziser auf seine Umgebung. Das kleine Mädchen kann jetzt Geräusche verfolgen, die Stimmen seiner Eltern erkennen und weiche Nahrung essen. Die neueste Errungenschaft ist, daß Alison gelernt hat, zu greifen.

Reiki mag passiv erscheinen, doch ist das Gegenteil der Fall, denn diese Behandlungmethode lindert Schmerzen, beseitigt Übelkeitsgefühle und wirkt sich auch auf andere körperliche und emotionale Störungen positiv aus.

Eine vierzigjährige Frau, die an Bauchspeicheldrüsenkrebs erkrankt war, sah den Besuchen einer Pflegerin stets mit Freude entgegen. Während die Pflegerin ihr an den Schultern Reiki gab, schloß die Patientin die Augen. Sie sank dann in ihr Kissen zurück und trat in einen Zustand tiefer

Ruhe ein. Die alte Mutter der Patientin war sichtlich froh darüber, daß Reiki die Schmerzen und die Agonie ihrer Tochter zu lindern vermochte.

Bei der Reiki-Behandlung brauchen die Geber nicht an Reiki zu denken, damit der Empfänger davon profitiert.

Reiki hat jedoch nicht nur einen positiven Einfluß auf Symptome, sondern verbessert auch die allgemeine Lebensqualität. Sterbende leiden in den letzten Wochen ihres Lebens oft nicht nur unter Schmerzen, sondern auch unter Langeweile, Frustration,

118

Einsamkeit, Depression und Angst. Reiki vermittelt solchen Menschen Trost, versetzt sie in einen Zustand tiefer Entspannung und verringert ihre Schmerzen, ohne daß sie dies mit einer Trübung ihres Bewußtseins erkaufen müssen, wie es bei Schmerzmitteln oft der Fall ist. Starke Schmerzen und Ängste lassen sich durch Reiki mit geringerem Medikamentenbedarf ertragen, so daß die Patienten wacher bleiben und die emotionalen Probleme des Abschieds vom Leben und von den Menschen, die ihnen nahestehen, besser bewältigen können.

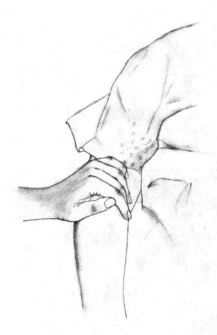

Die Reiki-Berührung vermittelt Pflegebedürftigen
Heilung und Geborgenheit.

Louise, die sich im letzten Stadium von Lungenkrebs befand, erlebte erst eine Linderung ihrer Schmerzen und ihrer starken Angst vor dem Sterben, als eine freiwillige Hospizhelferin ihr eine Reiki-Behandlung gab. Libby besuchte Louise zu Hause, um ihr und ihrer Nachtschwester Reiki beizubringen, damit die Pflegerin die Sterbende auch in Abwesenheit der Hospizhelferin behandeln konnte. Ihr Mann, ein Arzt, empfing Libby freundlich an der Haustür und hörte sich ihre Erklärungen zu Reiki an. Er hatte noch nie etwas davon gehört und war sehr skeptisch, jedoch

Reiki unterstützt alle Ziele der Hospizarbeit.

bereit, allen Behandlungen eine Chance zu geben, die die Schmerzen seiner Frau lindern würde. Aufgrund der Reiki-Behandlungen benötigte Louise weniger Morphium, so daß sie tagsüber bei klarerem Bewußtsein war und nachts besser schlafen konnte. Dies bedeutete für den gesamten Haushalt eine wichtige Entlastung.

Wenn ein Klient seine Gefühle nicht zum Ausdruck bringen kann, vermag die Reiki-Berührung ihm trotzdem Heilung und Geborgenheit zu geben.

Reiki fördert bei Personalbesprechungen im Hospiz das Gefühl
der Harmonie und die Konzentration auf das Wesentliche.

Als Rebeccas alte Mutter im Sterben lag, erwies sich Reiki für die Tochter als große Hilfe. Die Mutter war nicht nur taub, sondern konnte auch kaum etwas sehen, und zu allem Unglück zerbrach während ihrer Einlieferung ins Krankenhaus ihre Brille mit den butzenscheibendicken Gläsern. So isoliert, zog sie sich völlig von der Welt zurück. Rebecca, die sie beim Sterben begleiten wollte, legte drei Tage lang Stunde um Stunde ihre Hände auf Kopf, Schultern und Herz der alten Frau. Obwohl Rebecca normalerweise bei längerem Stehen starke Schmerzen im Rücken und in den Beinen bekommt, hatte sie in dieser Situation keinerlei Probleme. »Das ist ein echtes Wunder. Während dieser schwierigen Zeit ist meine Energie nie versiegt. Wahrscheinlich liegt das an Reiki und an der Kraft des Gebets.« Am letzten Tag ihres Lebens erwachte die Mutter kurz aus ihrem Koma, schaute Rebecca an, stieß einen langen, tiefen Seufzer aus und verschied.

Daß Reiki Hospizpatienten während ihres Abschieds vom Leben ein Gefühl des Friedens und der Harmonie vermittelt, entspricht voll und ganz den Zielen der Hospizarbeit, die den Aspekt der menschlichen Beziehung und der Kommunikation in den Vordergrund stellt. Während der sanften und unaufdringlichen Reiki-Behandlung behält der Empfänger stets die Kontrolle über das Geschehen. Reiki entspricht der Intention der Hospizarbeiter, den Klienten ein Gefühl der Geborgenheit, der Sicherheit und des Vertrauens zu vermitteln, so daß sie während des Sterbeprozesses ihre menschliche Entwicklung zum Abschluß bringen können. Die universelle Lebensenergie ermöglicht ihnen einen sanften Übergang aus dem Leben in den Tod, und die Pfleger können durch sie ihr Mitgefühl und ihre Bereitschaft, den Sterbenden anzunehmen, zum Ausdruck bringen. Ein Hospizmitarbeiter hat einmal gesagt: »Durch Reiki fühle ich mich meiner Aufgabe besser gewachsen.« Der medizinische Leiter eines Hospizes erlernte Reiki, um seinen Patienten auch dann etwas anzubieten, wenn »nichts anderes mehr möglich war«. So konnte er sich noch am Ende ihres Lebens intensiv um sie kümmern. »Ich besuche meine Patienten immer wieder, um ihnen in ihren letzten Stunden die Hände zu halten. Um dazu besser in der Lage zu sein, habe ich Reiki erlernt.«

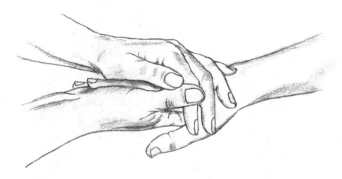

Reiki gibt den Hospizmitarbeitern zudem die Möglichkeit, etwas für sich selbst zu tun, denn die Reiki-Behandlung wirkt sich besonders positiv bei jener Art von Emotionen aus, die während der Arbeit mit Sterbenden oft auftreten. Ein Hospizpfleger berichtete: »Ich gebe mir selbst Reiki, wenn ich Klienten besuche, die zu Hause gepflegt werden. Das hilft mir, mich zu zentrieren. Während meiner Besuche halte ich oft eine Hand oder die Schulter meiner Klienten, weil ihnen das die Aufnahme von Energie erleichtert. Zwischen den Pflegeterminen sitze ich einfach ein paar Minuten im Auto und gebe mir selbst Reiki, um das Erlebte zum Abschluß zu bringen.«

Reiki beschleunigt den psychotherapeutischen Prozeß.

REIKI UND PSYCHOTHERAPIE

Viele Menschen, die mit Hilfe einer herkömmlichen psychotherapeutischen Methode an ihren mentalen oder emotionalen Problemen arbeiten wollen, lernen durch diese vorwiegend verbalen

Behandlungsmethoden ihre Schwierigkeiten zu verstehen. Doch bleibt trotz wichtiger Einsichten oft ein emotionaler Rest ungelöst, der ihr Verhalten weiterhin beeinflußt. Reiki beschleunigt den psychotherapeutischen Prozeß, indem es den Klienten zusätzliche Einsichten über ihre Situation eröffnet und eine sanfte Auflösung der emotionalen Rückstände aus den Körperzellen ermöglicht. Dies wirkt sich positiv auf das Allgemeingefühl des Klienten aus und bringt ihm seine Kraft zu Bewußtsein.

Caroline, eine 62jährige Psychotherapeutin, war selbst viele Jahre lang immer wieder in psychotherapeutischer Behandlung gewesen, um sich mit ihrem notorisch schwachen Selbstwertgefühl auseinanderzusetzen, das durch eine Mißbrauchserfahrung als Kind entstanden war. Unter Kollegen genoß sie hohes Ansehen, und die Erfolge, die sie mit ihren Patienten erzielte, spiegelten ihre Kompetenz als Therapeutin. Trotz all dieses positiven Feedbacks hörte Caroline ständig eine Stimme in ihrem Inneren, die sagte: »Du bist nicht gut genug.« Als Caroline zur Reiki-Behandlung kam, formulierte sie ihr Problem präzise. Sie sagte zu Libby: »Ich verstehe einfach nicht, daß ich trotz meines Alters, meines Berufs und all der therapeutischen Arbeit, der ich mich unterzogen habe, immer noch unter diesem alten Problem leide.«

Die Sitzung begann wie üblich mit einer Rekapitulation von Carolines Vorgeschichte und der relevanten Fakten. Als die Behandlung bereits zwanzig Minuten im Gange war, wurde Libby klar, daß sie keine Besserung erzielen würde, falls sie so weiterarbeiten würde wie bisher. Deshalb schlug sie Caroline eine Reiki-Behandlung vor. Caroline legte sich auf den Behandlungstisch, und während Libby die ersten drei Reiki-Positionen an Carolines Kopf behandelte, unterhielten sich die beiden Frauen weiter. Als Libby Carolines Kopf in ihren Händen hielt, fragte sie Caroline, wo in ihrem Körper sie das Gefühl spüre, »nicht gut genug« zu sein. In diesem Augenblick bemerkte Caroline eine intensive Empfindung in ihrem Bauch. Dann wurde ihr plötzlich bewußt, daß sie als dreijähriges Kind in der Küche ihrer Großmutter mißbraucht worden war. Dies war ihre früheste Erinnerung an eine Mißbrauchserfahrung. Caroline beschrieb jene Situation sehr distanziert, als befände sie sich in einem Film.

Die Reiki-Behandlung hatte Caroline in einen Zustand inneren Gleichgewichts versetzt, der es ihr ermöglichte, sich an jene frühe traumatische Erfahrung zu erinnern, ohne dadurch das Trauma erneut zu aktivieren. Natürlich hatte ihre gesamte psychotherapeutische Arbeit an sich selbst sie auf diesen Durchbruch vorbereitet, doch hatte die Reiki-Behandlung ihr letztendlich den Zugang zu jener präverbalen Information eröffnet, die unter ihrer bewußten Erinnerung verborgen lag. Caroline ließ sich noch ein paarmal von Libby behandeln, um ihre Erfahrung durchzuarbeiten und sie schließlich aufzulösen. Kurz danach verschwand das Problem des schwachen Selbstwertgefühls völlig.

Jeder Therapeut muß selbst entscheiden, ob er es generell oder in dem konkreten Fall für richtig hält, Berührung in die psychotherapeutische Behandlung einzubeziehen. Natürlich hängt diese Entscheidung jeweils vom Zustand des Klienten, von seiner Vorgeschichte und von seinem Vertrauen ab. Bei Klienten, die eine sexuelle Mißbrauchserfahrung gemacht haben, ist Berührung oft nicht ratsam, doch gibt es andererseits viele Fälle, in denen Reiki den Zugang zu verschütteten Erinnerungen freilegen und dadurch die Therapie unterstützen und beschleunigen kann. Oft braucht der Klient dazu das ursprüngliche Trauma nicht noch einmal zu durchleben. Im Gegensatz zu der Berührung bei traumatischen Erfahrungen ermöglicht der von Mitgefühl geprägte Charakter des Reiki eine heilende Berührungserfahrung.

Angie war sehr beeindruckt von der heilenden Qualität der Berührung, die sie während eines Reiki-Kurses empfangen hatte. Nach dem Kurs war sie begierig darauf, sich Reiki-Selbstbehandlungen zu geben. Sie wollte unbedingt herausfinden, was Reiki ihr zu bieten hatte, obgleich sie nicht genau wußte, warum sie sich so sehr nach dieser Erfahrung sehnte.

Einige Tage später besuchte Angie eine Buchhandlung und merkte verwundert, daß sie in einem Buch über Kindesmißbrauch las. Allmählich wurde ihr klar, daß sie ihre eigene Geschichte las. Sie kaufte das Buch *The Courage to Heal* und arbeitete es Seite für Seite durch. Je intensiver sie sich mit der Thematik beschäftigte, um so klarer wurde ihr, daß sie Unterstützung brauchte. Deshalb suchte sie sich eine Psychotherapie, die Reiki miteinbezog.

Während der folgenden Monate ging Angie jede Woche zur Reiki-Psychotherapiesitzung bei Libby und gab sich in der Zwischenzeit zusätzlich Reiki-Selbstbehandlungen. Nach sieben Monaten vermochte sie zu verstehen, was ihre Mutter ihr angetan hatte, und sie war bereit, ihr zu vergeben. Das hatte sie vorher nie für möglich gehalten. Nach zehnmonatiger Behandlung konnte Angie frei über die Energie verfügen, die sie viele Jahre darauf verwendet hatte, mit ihrem Problem fertig zu werden. Zu ihrer eigenen Überraschung und Freude begann sie plötzlich, Porträts zu zeichnen.

Ein Jahr später wurden die wöchentlichen Sitzungen von zweimonatigen abgelöst, und nach weiteren vierzehn Monaten endete die Therapie. »Meine Freunde konnten es kaum glauben, daß ich nun nicht mehr furchtsam, zurückhaltend und introvertiert war, sondern entspannt, zuversichtlich und authentisch. Die Persönlichkeitsmerkmale und Einstellungen, von denen ich geglaubt hatte, mich damit abfinden zu müssen, waren alte Überlebensmechanismen, die ich einmal dringend gebraucht hatte. Deshalb war es mir so schwergefallen, mich von ihnen zu lösen.«

Viele Psychotherapieklienten profitieren von Reiki. Die Einbeziehung von Reiki sollte allerdings nicht allein von der Diagnose abhängen. Ebensowichtig ist die Beziehung zwischen Therapeut und Klient, die Einstellung des Klienten gegenüber Reiki und die Klärung der Frage, *wann* die Reiki-Methode einbezogen werden soll. Außerdem müssen natürlich die im jeweiligen Land geltenden Psychotherapiegesetze beachtet werden. Viele Psychotherapeuten in den USA, die es für wichtig halten, die körperliche Berührung in die Behandlung einzubeziehen, beschaffen sich eine Arbeitserlaubnis als Priester, da diese in den meisten amerikanischen Bundesstaaten andere Menschen zu Heilzwecken berühren dürfen.

Obgleich die Einbeziehung körperlicher Berührung in die Psychotherapie heute ein sehr kontroverses Thema ist, kann eine adäquate Anwendung von Reiki die vollständige Auflösung problematischer psychischer Muster begünstigen.

Aufgrund meiner (Libbys) Ausbildung an der Simmons College School of Social Work und aufgrund meiner Erfahrung als Sozialarbeiterin am Massachusetts General Hospital ist das Grundprinzip meiner Reiki-Psychotherapie-Praxis, daß jede Heilung aus dem Inneren des Klienten selbst kommt. Klienten sind nicht schwach. Sie verfügen über sehr viel Kraft und eine angeborene Ganzheit. Alle Antworten, die sie suchen, sind bereits in ihrem Inneren vorhanden.

Ich heiße alle meine Klienten mit Liebe und Respekt willkommen, und ich bemühe mich, eine vertrauensvolle Beziehung zu ihnen herzustellen, indem ich mich bei meiner Arbeit an folgenden Prinzipien orientiere:

- Gehe von deinem Herzen, nicht von deinem Kopf aus.
- Trete zur Essenz der Klienten in Beziehung, nicht zu ihrer Persönlichkeit.
- Höre zu, ohne zu urteilen.
- Sei bereit, nicht zu wissen.
- Mache dich bei deiner Arbeit nicht von bestimmten Resultaten abhängig.

Das Bemühen, eine vertrauensvolle heilende Verbindung zum Klienten herzustellen, ist der Kontext, innerhalb dessen sich alle Möglichkeiten der Heilung und Transformation manifestieren können. Ich sehe meine gesamte Arbeit mit Klienten im Sinne der höchsten Ganzheit. Dabei vertraue ich auf die Weisheit des Körpers, des Geistes und der Gefühle – meiner eigenen ebenso wie derjenigen meiner Klienten.

Meine Behandlungssitzungen mit Klienten dauern eine bis anderthalb Stunden. Einen Teil dieser Zeit reden wir miteinander; die restliche Zeit verbringen die Klienten auf dem Reiki-Tisch. Sobald ein Klient auf dem Reiki-Tisch liegt, bedecke ich ihn oder sie mit einem dünnen Flanelltuch. Dadurch wird zum Ausdruck gebracht: »Es ist okay, wenn du es dir unter der Decke gemütlich machst und deine Heilarbeit tust. Du kannst dich geborgen fühlen. Vertraue deinem eigenen Prozeß.« Beim Reiki-Teil der Sitzung kann der Dialog fortgesetzt werden. Es ist aber auch möglich, daß die Behandlung schweigend erfolgt, damit der Klient das, worüber vorher gesprochen wurde, integrieren und weitere Einsichten gewinnen kann. Während der Reiki-Behandlung

130

erreichen die Klienten gewöhnlich eine tiefe Entspannung, und manchmal schlafen sie sogar ein.

Die Zeit auf dem Behandlungstisch gibt den Klienten nicht nur Gelegenheit, die universelle Lebensenergie in sich aufzunehmen, sondern auch die Möglichkeit zur Auflösung eventuell noch bestehender Traumata. Diese Relikte lösen sich gewöhnlich sanft und mühelos auf, ohne daß die Behandelten dazu aufgefordert werden müssen, das Thema noch einmal durchzuarbeiten. Die Auflösung versetzt die Klienten nie in starke Aufregung, weil sie auf einer tiefen, unbewußten Ebene selbst darüber entscheiden, wieviel und wie schnell sie Energie aufnehmen wollen.

Da die Klienten die Heilung im Grunde selbst übernehmen, hat die Therapeutin lediglich die Rolle einer Helferin. Sie fungiert im Heilungsprozeß wie eine Hebamme, was bedeutet, daß ihre Aufgabe eher darin besteht, (da) zu *sein*, als etwas zu *tun*. Daß sich die Therapeutin vom Tun löst, beinhaltet kein Ausweichen vor Verantwortung. Das Entscheidende bei jeder Therapie ist die Präsenz der Therapeutin: Sie fungiert nicht nur als Kanal für die universelle Lebensenergie, sondern wacht auch über die Verwirklichung der Intention, daß die Heilung dem höchsten Wohl des Patienten dienen möge. Im Sinne dieses Ziels steuert sie den Therapieprozeß durch Fragen und Kommentare, die sie traditionellen psychotherapeutischen Prinzipien entsprechend formuliert.

Reiki-Psychotherapie ist das Zusammenwirken der universellen Lebenskraft, der inneren Heilkräfte der Klienten und der Kompetenz und Intention der Therapeutin. Bedingungslose Liebe ist die Essenz dieser einfachen und doch so wirksamen Heilmethode, die

131

Gleichgewicht und Harmonie schafft und alle Aspekte des Seins mit dem Geist der Ganzheit tränkt.

Wir haben zahlreiche Psychotherapeuten in der Reiki-Methode unterrichtet, und diese beziehen nun Reiki in ihre therapeutische Praxis ein, um die Arbeit mit ihren Klienten zu bereichern. Susan Golden, eine Psychologin, die bei uns die Reiki-Arbeit erlernt hat, hat Interviews mit Psychotherapeuten durchgeführt, um Erkenntnisse über die Vorzüge von Reiki in der Psychotherapie zu sammeln. Alle Befragten sind erfahrene Therapeuten, die seit 10 bis 30 Jahren Psychotherapie betreiben, als Therapeuten hohes Ansehen genießen und eine erfolgreiche Praxis leiten. Das Klientenspektrum dieser Gruppe ist weit gefächert, und es befinden sich viele Menschen mit extrem traumatischen Erfahrungen darunter. Einige dieser Therapeuten haben einen Reiki-Tisch in ihrem Behandlungsraum stehen, andere benutzen Kissen oder Stühle für die Reiki-Behandlung. Eine Auswahl von Kommentaren dieser Therapeuten, die wir im folgenden Abschnitt wiedergeben, soll die Wirksamkeit von Reiki als Ergänzung psychotherapeutischer Arbeit veranschaulichen.

Eine Therapeutin schreibt über die Behandlung eines Patienten mit Inzesterfahrung, mit dem sie drei Jahre lang gearbeitet hat: »Er verfiel oft dem Schmerz seiner Erinnerungen und konnte sich dann nur schwer wieder daraus lösen. Mit Hilfe von Reiki gelang es ihm, durch seinen Schmerz hindurchzugehen. Ich habe festgestellt, daß Klienten, die ich mit Reiki behandle, wirklich anfangen, ihre Probleme durchzuarbeiten. Sie stellen auf der mentalen, spirituellen, emotionalen und physischen Ebene wichtige

Verbindungen her und erzielen dadurch generell bessere Behandlungsresultate. Oft gelingt es ihnen sogar innerhalb einer einzigen Sitzung, sich aus ihrem Schmerz zu befreien und sich auf eine Lösung zuzubewegen. Ich bin immer wieder erstaunt über ihre schnellen Fortschritte, und ich brauche wesentlich weniger hart zu arbeiten, um sie zu erzielen.«

Ein anderer Therapeut sagt: »Reiki ist besonders bei Klienten, die von ihrem Körper dissoziiert sind und sehr stark in ihrem Kopf leben, ungeheuer hilfreich. Die Reiki-Behandlung erschließt diesen Menschen eine andere Ebene, was zur Folge hat, daß sie das Geschehen intuitiver verstehen und es ihnen gelingt, Mißbrauchsmuster und Muster unbefriedigender Beziehungen aufzulösen.«

Ein Psychotherapeut beschreibt das Trauma, das eine seiner Klientinnen im Alter von zwei Jahren durch die Trennung von der Mutter erlitten hatte, wodurch ihre Fähigkeit, Intimität in Beziehungen zu erfahren, stark beeinträchtigt worden war. Wenn sie ihren Verlustgefühlen sehr nahekam, wurde ihre Atmung flach. Sie wurde sehr ängstlich, und es fiel ihr schwer, bei ihren Gefühlen zu bleiben. Der Therapeut sagte über seine Arbeit mit dieser Klientin: »Die Reiki-Behandlung ermöglichte es ihr, länger mit ihren Gefühlen in Kontakt zu bleiben und sich mit ihnen auseinanderzusetzen, statt immer wieder vor ihnen wegzulaufen.«

Reiki hilft dem Klienten, innere Bilder zu aktivieren, ihre Vorgeschichte zu sehen und zu erkennen, wie sie sich auf ihr derzeitiges Leben auswirkt, und das erwartete Ergebnis abzuwandeln. Eine weitere Therapeutin beschreibt ihre Arbeit mit einer Klientin, die viele körperliche Probleme hatte. Unter anderem litt sie unter einem Schmerz, der sich wie ein Loch in ihrem Bauch anfühlte. Die Therapeutin behandelte den Bauch der Klientin mit Reiki-Energie. Während die Körperzellen der Frau die Reiki-Energie aufnahmen, erinnerte sie sich an eine frühere Verletzung: Ihre

Reiki steigert die Klarheit in der Supervision.

derzeitigen Gesundheitsprobleme schienen mit dem damaligen Vorfall in Zusammenhang zu stehen. Sie empfand Reiki als eine wichtige Unterstützung ihres Heilungsprozesses.

Dr. Golden, die die Interviews mit den Psychotherapeuten durchführte, entdeckte drei Bereiche, in denen durch die Kombination von Reiki und psychotherapeutischer Behandlung positive Ergebnisse erzielt worden waren:

1. Die Therapeuten berichteten über eine Vertiefung ihrer Arbeit und schnellere Wiederherstellung des emotionalen Gleichgewichts bei ihren Klienten. Die Klienten wurden seltener von schmerzhaften Erinnerungen überwältigt und konnten sich besser mit ihren Gefühlen auseinandersetzen und auf deren Auflösung hinarbeiten.

2. Die bildlichen Vorstellungen der Klienten wurden zugänglicher und klarer. Es fiel ihnen leichter, den Zugang zu verschütteten Erinnerungen wiederherzustellen.

3. Die Klienten konnten besser Verbindungen auf der emotionalen und körperlichen Ebene herstellen, was für die Therapie von Nutzen war. Als besonders nützlich hatte sich Reiki beim Erkunden somatischer Symptome erwiesen.

Die im Rahmen dieser Studie befragten Therapeuten setzten Reiki bei ihrer Arbeit unterschiedlich ein. Doch alle Befragten empfanden es als eine nützliche und positive Erweiterung ihres psychotherapeutischen Instrumentariums und hatten eine deutliche Verbesserung ihrer Behandlungserfolge zu verzeichnen. Sie berichteten, daß die Anwendung von Reiki ihren Klienten zusätzliche Energie gebe und außerdem deutlich den Streß verringere, dem sie selbst bei ihrer therapeutischen Arbeit ausgesetzt seien. Viele Befragte berichteten weiterhin, sie seien aufgrund dieser neuen Möglichkeit spontaner geworden und vertrauten stärker ihrer Intuition. Einige meinten sogar, Reiki helfe ihnen, ein nicht an Bedingungen geknüpftes Mitgefühl zu entwickeln. Von Reiki profitieren sowohl der Klient als auch der Therapeut, da beide sich dem Fluß der universellen Lebensenergie öffnen. Einer der befragten Therapeuten hat zusammenfassend gesagt: »Reiki wirkt heilend, beruhigend und regenerierend, auf mich selbst ebenso wie auf meine Klienten.«

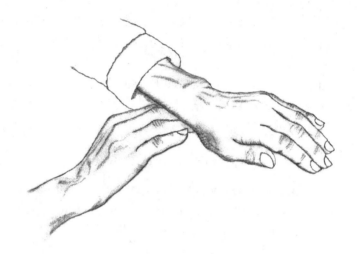

5

Zukunftsvisionen:
Reiki als partnerschaftliche Hilfe

K omplizierte Behandlungsprozeduren, chirurgische Eingriffe und hochspezialisierte Medikamente, die in Notfällen von unschätzbarem Wert sind, vermögen keineswegs jede Störung der Gesundheit zu heilen und sind außerdem für die ständige Anwendung zu teuer. Wir befinden uns heute an der Schwelle eines neuen Zeitalters der Medizin, das uns zwingt, uns intensiv mit den Kräften des Lebens auseinanderzusetzen. In diesem Moment unserer Kulturgeschichte können wir darüber entscheiden, ob wir weiter an den bisherigen Anschauungen über Gesundheit und Krankheit festhalten wollen. Die Entwicklung und der Gebrauch immer neuer technologischer Möglichkeiten und komplizierter Behandlungsmethoden wird letztlich dazu führen, daß die medizinisch-technologischen Errungenschaften aufgrund ihrer hohen Kosten nur noch begüterten Schichten unserer Gesellschaft zugute kommen werden. Wir können aber ein System der Gesundheitspflege befürworten, das möglichst einfache und preiswerte Behandlungsmethoden einsetzt und nur dort aufwendige Verfahren und Mittel anwendet, wo dies wirklich unumgänglich ist.

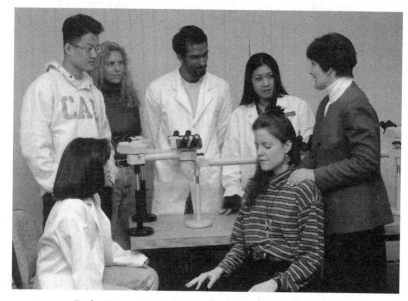

Reiki-Kurs mit Studenten der Tufts Medical School.

Deshalb führen wir Reiki-Kurse für Ärzte und Pflegepersonal durch, und die Teilnehmer dieser Kurse sind gewöhnlich begeistert von den Möglichkeiten, die Reiki ihnen eröffnet. Zwar bilden Pfleger und Krankenschwestern die Mehrheit der Kursteilnehmer, doch wächst die Zahl der teilnehmenden Ärzte ständig. Oft stellen Ärzte fest, daß Patienten, die von bestimmten Krankenschwestern oder Pflegern betreut werden, besonders schnell genesen. Oft stellt sich dann heraus, daß die Betreffenden an einer Reiki-Ausbildung teilgenommen haben. Aus reiner Neugier nehmen diese Ärzte dann oft selbst an einem Reiki-Kurs teil, um diese Methode aus nächster Nähe studieren zu können. Infolgedessen verschreiben manche Ärzte ihren Patienten mittlerweile Reiki-Behandlungen.

Daß die Reiki-Methode heute bei normalen Ärzten zunehmend auf Interesse stößt, eröffnet einem wesentlich größeren Kreis von Patienten die Möglichkeit, die positive Wirkung von Reiki zu erfahren. Beispielsweise bat uns der Arzt Patrick Cleary, nachdem er an einer von uns vor medizinischen Leitern von Hospizinstitutionen durchgeführten Reiki-Präsentation teilgenommen hatte, für das Personal sowie für die freiwilligen Helfer der onkologischen Abteilung des von ihm betreuten Hospizes einen Reiki-Kurs durchzuführen.

Die zunehmende Anerkennung der Reiki-Methode durch Ärzte eröffnet einem wesentlich größeren Kreis von Patienten die Möglichkeit, die positive Wirkung von Reiki zu erfahren.

Wenn medizinische Institutionen durch Untersuchungen festzu-stellen versuchen, wie gut sie auf die Bedürfnisse ihrer Patienten eingehen, spielen Aspekte wie die Aufmerksamkeit, die das Pflege-personal und die Ärzte den Kranken schenken, sowie deren Enga-gement und Verfügbarkeit eine ebenso wichtige Rolle wie das Spektrum der angebotenen Dienstleistungen und natürlich die Kosten. Um den ökonomischen Erfordernissen ebenso wie den Ansprüchen der Patienten aus verschiedenen Bevölkerungs-gruppen gerecht zu werden, sehen sich medizinische Institutionen gezwungen, auf dem neuesten Stand der medizinischen Forschung zu bleiben und gleichzeitig ein möglichst großes Spektrum ausge-zeichneter medizinischer Dienstleistungen zu erschwinglichen Preisen anzubieten.

Die derzeitige Krise im Gesundheitswesen macht die Entwick-lung eines multidimensionalen Therapiesystems, das die besten Elemente der Schulmedizin und der Alternativmedizin – uralte Weisheit, die neuesten wissenschaftlichen Erkenntnisse und menschliche Zuwendung – miteinander verbindet, zu einer Not-wendigkeit. Ein die Vielfalt förderndes System, dessen Wirkkraft aufgrund verschiedenartigster Möglichkeiten erheblich vergrößert würde, könnte das derzeitige medizinische Modell mit seinen eher autoritären Zügen zugunsten eines offeneren ablösen, das den Patienten als ganze Person mit eigenem Willen und eigener Ver-antwortung in die Behandlung einbeziehen und seine Gesundung intensiver unterstützen würde. Die gemeinsame Zielsetzung von Arzt und Patient, den Patienten möglichst effektiv medizinisch zu versorgen, könnte eine Partnerschaft zwischen beiden Parteien entstehen lassen, deren Ziel die Heilung des ganzen Seins ist.

Bei Diskussionen darüber, ob Alternativtherapien sich mit schulmedizinischen Methoden verbinden lassen, weisen strikte Vertreter schulmedizinischer Ansätze oft auf das Fehlen wissenschaftlicher Belege für die Wirksamkeit der neuartigen Behandlungen hin. Um die Ärzteschaft zur Anerkennung der positiven Resultate alternativer Heilmethoden zu bewegen, müssen tatsächlich sehr gründliche Untersuchungen durchgeführt werden. Allerdings hat ein Biologe vom Massachusetts General Hospital uns gesagt: »Im Grunde geht es nicht darum, *wie* sie funktionieren, sondern *daß* sie funktionieren.« Diese Aussage wird unterstrichen durch die Tatsache, daß Patienten allein im Jahre 1990 aus eigener Tasche 10,3 Milliarden Dollar für Alternativtherapien ausgegeben haben. In der Studie, die zu diesem Ergebnis kam, wird auch berichtet, daß 72 Prozent derjenigen, die solche Alternativbehandlungen in Anspruch nahmen, ihren Hausärzten nichts darüber erzählen.[9] Indem die Patienten diese Information gegenüber ihren Ärzten verheimlichen, setzen sie sich natürlich unter Streß. Außerdem ist Offenheit in der Kommunikation zwischen Patient und Arzt eine zwingende Voraussetzung dafür, daß der Mediziner kompetente Entscheidungen darüber treffen kann, welche therapeutischen Maßnahmen für die Behandlung in einem bestimmten Fall optimal sind. Erst der offene Dialog zwischen Patient und Arzt ermöglicht eine wirklich umfassende Betreuung und erweitert außerdem das Bewußtsein für die Möglichkeiten der nichtkonventionellen Therapien im Heilungsprozeß. Wenn Ärzte von ihren Patienten aus erster Hand über die positive Wirkung von Reiki informiert werden, sind sie häufig eher bereit, sich mit dieser Therapieform zu beschäftigen, weil sie sicherlich alles befürworten werden, was zur Heilung des Patienten beitragen kann.

Im Oktober 1995 wurde vom Office of Alternative Medicine und vom Office of Medical Applications of Research der National Institutes of Health eine Konferenz zum Thema der Integration von verhaltenspsychologischen Ansätzen und Entspannungsmethoden bei der Behandlung chronischer Schmerzen und von Schlaflosigkeit veranstaltet. Die Konferenzteilnehmer formulierten die folgende Stellungnahme: »Heute steht eine Reihe spezifischer verhaltenspsychologischer Ansätze und Entspannungsmethoden zur Verfügung, von denen einige bereits häufig bei der Behandlung chronischer Schmerzen und von Schlaflosigkeit eingesetzt werden. Die vorliegenden Untersuchungsergebnisse bestätigen, daß diese Interventionen tatsächlich chronische Schmerzen zu lindern und Schlafstörungen zu verringern vermögen. ... Obwohl die Ergebnisse für die Wirksamkeit dieser Behandlungsmethoden sprechen, ist eine sehr sorgfältige Interpretation dieser Daten notwendig, und es müssen Möglichkeiten zur Integration dieser Methoden in die konventionelle Behandlungspraxis gefunden werden. Die augenblicklich bestehenden strukturellen, bürokratischen, finanziellen und habituellen Gründe, die die Integration dieser neuartigen Methoden verhindern, werden sich mit Hilfe von Trainingsprogrammen und weiteren Untersuchungen sicherlich überwinden lassen, und die Patienten werden sich durch ihre Einbeziehung in die Behandlung zu verantwortungsvollen Partnern verwandeln, die aktiv an ihrer Rehabilitation mitarbeiten.«[10]

Was können wir tun, um die Bereitschaft zur Anwendung alternativer Heilmethoden zu fördern? Ein wichtiger Aspekt solcher Bemühungen ist die Ausbildung in diesen Methoden. Ärzte, die selbst an einem Reiki-Kurs teilgenommen und so die Wirksamkeit der Reiki-Behandlung kennengelernt haben, berichten oft Kollegen über ihre positiven Erfahrungen. Die Leiterin des Sozialdienstes einer großen Organisation für ambulante Pflege war nach ihrer Teilnahme an einem Reiki-Kurs so begeistert über die Wirkung, daß sie einen Reiki-Einführungskurs für dreißig Pflegeschwestern organisierte, von denen die meisten bereits mehr als zwanzig Jahre in ihrem Beruf tätig waren. Deren Reaktion auf das Angebot war so überwältigend, daß die Leiterin den Kurs anschließend noch einmal für weitere Mitarbeiterinnen anbot, woraufhin sich erneut neunzehn Teilnehmerinnen anmeldeten. Die positive Reaktion dieser Gruppe wiederum weckte das Interesse der Ausbildungsleiterin der gleichen Organisation, so daß wir in ihrem Auftrag noch einen weiteren Kurs für Pflegerinnen und Physiotherapeuten durchführten.

Die Geist-Körper-Medizin-Gruppe am Massachusetts General Hospital formierte sich, um sich mit holistischen Heilmethoden zu beschäftigen. Das Englewood Hospital and Medical Center in New Jersey organisiert eine Vortragsserie über Alternativmethoden für das Pflegepersonal. Gruppen und Einrichtungen dieser Art dienen nicht nur der Weiterbildung, sondern setzen sich manchmal auch für die wissenschaftliche Untersuchung solcher Methoden ein.

Bis vor kurzem wurden in den USA Alternativtherapien in den Lehrplänen medizinischer Ausbildungsinstitute nicht berücksichtigt, und nur wenige Ärzte hatten nennenswerte persönliche Erfahrungen mit derartigen Methoden. (In Europa, wo Alternativtherapien häufiger in die medizinische Behandlung einbezogen werden, gibt es in vielen medizinischen Ausbildungsinstituten Kurse über diese Verfahren.) Vereinzelt beginnt man in progressiveren medizinischen Ausbildungsinstitutionen der Vereinigten Staaten, Alternativtherapien offiziell in die Lehrpläne einzubeziehen. Das erste umfassende Lehrbuch über Alternativmedizin, *Fundamentals of Complementary and Alternative Medicine*, wird an der University of Virginia School of Medicine in Charlottesville eingesetzt. Andere medizinische Ausbildungsinstitute wollen es in Zukunft ebenfalls verwenden. Einige bekannte medizinische Hochschullehrer unterstützen die Ausbreitung des neuen Ansatzes nach Kräften. Dr. med. Andrew Weil, Assistenzprofessor für klinische Medizin am medizinischen Ausbildungsinstitut der Universität von Arizona, ist dabei, ein Center for Integrative Medicine aufzubauen, ein Stipendiatenprogramm für graduierte Studenten, das nach der Projektbeschreibung »die besten Ideen und Methoden aller verfügbaren Behandlungsmethoden zwecks Entwicklung kostengünstiger Therapien miteinander verbinden soll, wobei die Aktivierung der Selbstheilungskräfte des menschlichen Körpers im Mittelpunkt steht.«[11] Dr. Weil schreibt: »Da die konventionelle Medizin ihre ökonomischen Grenzen erreicht hat, liegt es in unser aller Interesse, die besten Ideen und Methoden der Alternativmedizin in ein neues Modell der Gesundheitsfürsorge zu integrieren.«[12]

Die Dartmouth Medical School bietet ein achtwöchiges Wahlprogramm mit dem Titel »Evaluierung alternativmedizinischer Methoden« an, das von Dr. med. Dale Gephart, Dr. med. Robert Rufsvold und Dr. med. Seddon Savage unterrichtet wird. Am medizinischen Ausbildungsinstitut der Georgetown University leitet Dr. med. James Gordon, Professor für Psychiatrie und Präsident des Beratungsgremiums des Büros für Alternativmedizin der National Institutes of Health, einen Kurs mit dem Titel »Heilende Partnerschaften«, der den Studenten einen Überblick über alternative Heilmethoden vermitteln soll. Am medizinischen Ausbildungsinstitut der Tufts University leitet Dr. med. Glenn Rothfeld einen ähnlichen Kurs mit dem Titel »Complementary Healing Systems«, und die von Studenten gegründete Humanistic and Holistic Health Care Organisation am gleichen Lehrinstitut hat uns eingeladen, für Medizinstudenten im ersten und zweiten Studienjahr in einer Einführungspräsentation die Reiki-Behandlung vorzustellen. Nach dieser Einführungsveranstaltung entschlossen sich einige Teilnehmer, einen Reiki-Kurs zu organisieren. Wegen des großen Interesses der Studenten an Reiki lud uns die Institutsleitung ein, Reiki als vorklinisches Wahlfach zu unterrichten. Ein Student im zweiten Studienjahr sagte: »Wenn wir im ersten und zweiten Studienjahr Alternativtherapien wie Reiki kennenlernen und uns auch praktisch mit ihr vertraut machen, ist die Wahrscheinlichkeit größer, daß wir sie später in unsere Praxis einbeziehen.« Die Fortbildungsabteilung der Harvard Medical School und das Mind/Body Medical Institute am Deaconess Hospital haben einen Kurs mit dem Titel »Spiritualität und Heilen« organisiert, in dem der Umgang mit physischem Schmerz eine wichtige Rolle spielt, weil die gängigen schulmedizinischen Methoden bei der Schmerztherapie häufig versagen. Die Fortbildungsabteilung der Harvard Medical School hat auch einen Kurs mit dem Titel »Die Implikationen der Alternativmedizin für die klinische Praxis« unter der Leitung von Dr. med. David Eisenberg angeboten.

Als das College of Physicians and Surgeons an der Columbia University eine Stiftung zur Gründung des Richard and Hinda Rosenthal Center for Alternative/Complementary Medicine an der Universität annahm, sagte Dr. Herbert Pardes, der Dekan der medizinischen Fakultät: »Ein Universitätskrankenhaus ist genau der richtige Ort für die Auseinandersetzung mit ungewöhnlichen Methoden. Wir sollten an diese Therapien mit einer sehr rationalen Einstellung herangehen, weil das letztlich der Allgemeinheit zugute kommt.«[13] Die genannten Ausbildungsinstitute sind bekannt dafür, daß sie besonderen Wert auf Qualität legen. Indem sie sich um die Integration der Alternativmethoden in die medizinische Ausbildung bemühen, legen sie das Fundament für eine dringend notwendige Erweiterung der medizinischen Praxis.

Dr. med. Mehmet Oz, den die *New York Times* als den besten Herz-Lungen-Chirurgen in den USA bezeichnet hat, lud Energieheiler zur Mitarbeit während seiner chirurgischen Eingriffe im Operationssaal des Columbia-Presbyterian Medical Center ein.[14]

Dr. Oz, dessen überragende schulmedizinische Fähigkeiten über jeden Zweifel erhaben sind, ist sich der Schwächen des westlichen medizinischen Modells bewußt. Deshalb beschäftigt er sich mit den Auswirkungen der Energieheilung auf den körperlichen, emotionalen und psychischen Zustand seiner Patienten. Dr. Oz kann es sich aufgrund seines hohen Ansehens leisten, sich über die üblichen schulmedizinischen Vorurteile hinwegzusetzen und sich auf die sachliche und wissenschaftlich fundierte Untersuchung von Möglichkeiten einer Verbindung konventioneller und alternativer Heilmethoden zu konzentrieren.

Aufgrund des wachsenden Interesses an alternativmedizinischen Methoden und deren Einbeziehung in die konventionelle medizinische Behandlung bieten mittlerweile einige besonders innovationsfreudige Kliniken Kurse in Tai-chi, Yoga, Reiki, Meditation und Entspannungsmethoden an. Dieses Angebot soll den Patienten helfen, ihre Gesundheit zu erhalten und ihr körperliches Wohlbefinden zu steigern, indem sie ihre Verbindung zur Lebensenergie stärken. Man hofft, auf diese Weise den Bedarf an kostspieligen medizinischen Behandlungen reduzieren zu können, die hauptsächlich bei Notfällen erforderlich werden und die vermieden werden können, wenn der Patient rechtzeitig etwas zur Erhaltung und Verbesserung seines Gesundheitszustandes getan hätte. Programme zur Förderung des gesundheitlichen Allgemeinzustandes können die in der Gesundheitspflege anfallenden Kosten erheblich verringern.

In unserer Kultur ist zur Zeit eine Entwicklung im Gange, die dem Patienten die Verantwortung für die Heilung weitgehend selbst zuschreibt. Es werden unablässig neue Trainings- und Unterstützungsprogramme für bestimmte Patientengruppen entwickelt, in denen sich die Teilnehmer sowohl über konventionelle als auch über alternative Behandlungsmöglichkeiten informieren und dadurch bestmöglichen Gebrauch von beiden Arten machen können. Ein Beispiel hierfür ist das Wellspring Cancer Help Program in New Hampshire. Dieses Erziehungs- und Unterstützungsprogramm wurde nach den Vorgaben des Commonweal Cancer Help Program in Bolinas, Kalifornien, entwickelt, das von Onkologen, Psychotherapeuten und anderen Spezialisten unterstützt wird und in der PBS-Dokumentation *Healing and the Mind* vorgestellt wurde. Wellspring will »durch ein Programm, das bewußt versucht, Streß zu verringern und gleichzeitig die Verbindung des Patienten zu seiner inneren Quelle der Weisheit und der Heilung stärkt, die Heilkräfte unterstützen, über die jeder Mensch verfügt.«[15] Wellspring verfolgt diese Zielsetzung durch vielfältige Angebote im Bereich der Alternativmedizin, darunter Geist-Körper-Meditation und Übungen in progressiver Entspannung, Visualisationsübungen, Yoga, Massage und verschiedene Formen therapeutischer Berührung.

Interessenten können außerdem an Selbsterforschungssitzungen teilnehmen, bei denen mit künstlerischen und musikalischen Methoden, mit Poesie, mit Träumen und mit Sand gearbeitet wird. Die gleichbleibend hohen Teilnehmerzahlen derartiger Kurse zur Aktivierung der eigenen inneren Heilkräfte ist Ausdruck eines wachsenden Gewahrseins jener inneren Energie, die alle Menschen zur Ganzheit streben läßt.

Dr. med. Robert Rufsvold, Präsident und medizinischer Leiter der Wellspring Foundation of New England, bietet allen Teilnehmern der von seiner Organisation durchgeführten einwöchigen Kurse Reiki-Behandlungen an. Er hält Reiki für eine ausgezeichnete Möglichkeit, tiefe Entspannungszustände zu erreichen und Schmerzen zu verringern. Nachdem die Teilnehmer des Wellspring-Programms die positiven Auswirkungen von Reiki persönlich erfahren hatten, baten einige von ihnen um weitere Reiki-Sitzungen oder nahmen an Reiki-Kursen teil, um sich auch selbst Reiki geben zu können.

In den vergangenen Jahren haben einige Krankenversicherungen in den USA erkannt, daß sich durch nichtkonventionelle Behandlungsmethoden Geld sparen läßt. Beispielsweise kostet eine Serie von Chiropraktik- oder Akupunkturbehandlungen wesentlich weniger als ein chirurgischer Eingriff. Deshalb propagieren einige Krankenversicherungen mittlerweile sogar bei ihren Versicherten Alternativmethoden. So hat beispielsweise eine amerikanische Versicherung (Mutual of Omaha) erkannt, daß Dean Ornishs Methode zur Behandlung von Herzkrankheiten, die auf einer Umstellung der Lebensgewohnheiten basiert, eine wirksame und kostengünstige Alternative zu den herkömmlichen invasiven Therapien ist. Mittlerweile propagieren auch zahlreiche andere Versicherungen Ornish-Programme als Alternative zur Bypass-Chirurgie.

Zwar werden Reiki-Behandlungen von den meisten Krankenversicherungen der USA noch nicht generell gefördert, doch wurde Libby im Jahre 1991 vom Versicherer Blue Cross/Blue

Shield aus New Hampshire gebeten, einer dreiundzwanzigjährigen Diabetikerin, die mehrfach als Notfallpatientin ins Krankenhaus eingeliefert werden mußte, Reiki-Behandlungen zu geben. Dies war das Resultat einer Fallbesprechung, die die Versicherung wegen der hohen Kosten der häufigen Notfallbehandlung der Patientin durchgeführt hatte. An jener Konferenz nahmen unter anderem ein Psychiater, ein Sozialarbeiter, der Notaufnahmearzt und eine Krankenschwester teil, die die Patienten behandelt hatten. Sie alle suchten gemeinsam nach einer Möglichkeit, die wiederholten Krisen der Patientin in Zukunft zu vermeiden. Bei genauerem Studium der Krankengeschichte stellte sich heraus, daß Reiki ihren Blutzuckerspiegel stabilisiert, ihre nervösen Probleme gelindert und die emotionalen Probleme im Zusammenhang mit dem Diabetes positiv beeinflußt hatte. Außerdem war zu erkennen, daß die Krisen seltener eingetreten waren, wenn die Frau regelmäßig Reiki-Behandlungen erhalten hatte. Die Entscheidung der Versicherung, die Kosten für die Reiki-Behandlung zu übernehmen, erwies sich als richtig, denn tatsächlich wurde die Situation der Patientin durch die Reiki-Behandlung stabilisiert, und da sie weniger oft ins Krankenhaus mußte, kam es natürlich zu einer erheblichen Kostenersparnis.

VISION:
REIKI UND GANZHEITLICHE GESUNDHEITSFÜRSORGE

Das Krankenhaus ist ein ausgezeichnetes Umfeld für die Integration schulmedizinischer Methoden und alternativer Heilverfahren.

Wenn in einem Krankenhaus das Personal, die Patienten selbst und deren Angehörige Reiki-Ausbildungen erhielten, würde dies den Heilungsprozeß stark verbessern und die Dauer des Klinikaufenthalts erheblich verkürzen. Ärzte, die bei ihrer Arbeit Reiki einsetzen, können den hohen Anforderungen und dem ständigen Zeitdruck ihrer Arbeit besser standhalten. Familienmitglieder, die selbst eine Reiki-Ausbildung erhalten haben, könnten sich aktiv an der Pflege und Behandlung der Patienten beteiligen und dadurch das Pflegepersonal entlasten. Ein Patient, der sich selbst eine Reiki-Behandlung geben kann, fühlt sich weniger ausgeliefert. Bei einer begleitenden Reiki-Behandlung kann häufig die Schmerzmitteldosis reduziert werden, wodurch wiederum die Nebenwirkungen geringer sind. Reiki wirkt jedoch nicht nur positiv während des Krankenhausaufenthalts, sondern unterstützt auch die Rekonvaleszenz zu Hause.

Die Einrichtung von »Reiki-Räumen« in Krankenhäusern, in denen die Patienten vierundzwanzig Stunden am Tag Reiki empfangen können, wäre ein erster konkreter Schritt zur Verbesserung der Behandlung. Durch eine solche Maßnahme könnte eine Institution signalisieren, daß sie bereit ist, auf das gesamte Spektrum der Patientenbedürfnisse einzugehen. Konventionelle Behandlungsverfahren, die der Patient nicht kennt und die oft sehr schmerzhaft sind, die vielen neuen Gesichter, mit denen er plötzlich konfrontiert wird, und die Sorgen und Ängste, die schwere Krankheiten häufig auslösen, können zu einer starken Streßbelastung führen. Wenn der Patient in dieser Situation die Möglichkeit hätte, sich im Reiki-Raum behandeln zu lassen, so würde sich dies sehr positiv auf seinen Allgemeinzustand auswirken. Die Einrichtung und Organisation von Reiki-Räumen würde kaum Kosten verursachen, da freiwillige Helfer die Behandlung übernehmen könnten, eine Ressource, die Krankenhäuser ohnehin bereits in Anspruch nehmen. Der Einsatz von freiwilligen Helfern ermöglicht einem Krankenhaus nicht nur Kostenersparnis, sondern bietet außerdem Menschen die Gelegenheit, ihrem angeborenen Bedürfnis, anderen zu helfen, Ausdruck zu geben.

Auch das Krankenhauspersonal könnte vom Angebot des Reiki-Raums profitieren. Eine tägliche zehnminütige Reiki-Behandlung würde verhindern, daß den Krankenhausangestellten ihre vielen Verpflichtungen über den Kopf wachsen. Sie wären dadurch wieder stärker zentriert, was sich mit Sicherheit positiv auf ihre Arbeit mit den Kranken und die Zusammenarbeit mit den Kollegen auswirken würde. Gestreßte Kollegen könnten einander daran erinnern, doch einmal wieder den Reiki-Raum aufzusuchen, um sich zu entspannen.

Lange Krankenhausaufenthalte könnten in vielen Fällen durch ambulante chirurgische Behandlungen ersetzt werden. Sowohl bei der ambulanten chirurgischen Behandlung als auch bei kurzen Krankenhausaufenthalten würde die Fähigkeit der Patienten, sich selbst Reiki-Behandlungen zu geben, den Heilungsprozeß sehr positiv beeinflussen. Wenn Ärzte ihre Patienten zur Selbstbehandlung anregen könnten, würde die Selbstverantwortung der Behandelten gestärkt, und ihnen würde das Gefühl gegeben, daß sie als Partner der medizinischen Fachleute betrachtet werden.

VISION: REIKI IM GEMEINWESEN

Im Jahre 2030 wird in den USA die Zahl der Menschen, die älter sind als 65 Jahre, größer sein als die Zahl derjenigen unter 18 Jahren. Die gesellschaftliche Interaktion und die Teilnahme am Gemeinschaftsleben werden in dieser Situation eine wichtige Rolle spielen, weil das Gefühl, gebraucht zu werden und etwas Wertvolles zum Gemeinwohl beizutragen, für das Selbstwertgefühl und die Lebensqualität sehr wichtig ist. Im Freizeitzentrum einer amerikanischen Kleinstadt gibt es eine Reiki-Klinik, in der sich seit drei Jahren Reiki-Praktiker zusammenfinden, um einander oder anderen Mitgliedern der Gemeinschaft Reiki-Behandlungen anzubieten. Weil die Gruppe, die diese Reiki-Klinik ins Leben gerufen hat, hauptsächlich aus freiwilligen Hospizhelfern besteht, laden diese häufig Familienangehörige ihrer Hospizbewohner zu einer Reiki-Behandlung ein und helfen ihnen auf diese Weise, sich zu regenerieren und außergewöhnliche Belastungen zu bewältigen.

Dem könnten Reiki-Kliniken entsprechen, die, von älteren Mitbürgern getragen, nützliche Arbeit für die Gemeinschaft leisten. Gleichzeitig würden die im Rentenalter stehenden Betreiber eine wichtige Aufgabe erfüllen. Solche Kliniken könnten unter anderem in Rehabilitationseinrichtungen, in Hospizen und in Altersheimen entstehen. Sie würden der zunehmenden Isolation und Einsamkeit in unserer Gesellschaft entgegenwirken und zu wichtigen Zentren der Gemeinschaft werden, zu Orten der Zuflucht, wo Menschen in Beziehung treten und füreinander sorgen. Solche Kliniken würden sich auf das Wohl aller Beteiligten und ihre Alltagsbewältigung positiv auswirken. Entsprechend den

Reiki-Regeln könnten die Träger und Mitarbeiter solcher Institutionen gleichzeitig ihrem eigenen Grundbedürfnis nach Verbundenheit mit anderen Menschen nachkommen.

VISION:
REIKI UND DAS LEBEN/TOD/LEBEN-KONTINUUM

Vielleicht hat sich unser derzeitiges medizinisches Paradigma in keinem anderen Bereich schädlicher auf das Streben nach Ganzheit ausgewirkt als in unserem Umgang mit dem Tod. Der Tod, der einmal als ein natürlicher und wichtiger Bestandteil des Lebens angesehen wurde, ist seiner Schönheit und Kraft beraubt und zu einem medizinischen Versagen reduziert worden, und der Sterbende wurde dadurch um die Heiligkeit dieses Übergangs betrogen.

Deshalb sollten nicht nur die Helfer im Krankenhaus, sondern auch die Hospizmitarbeiter, die Patienten und ihre Angehörigen Reiki-Fähigkeiten entwickeln, um diese naturgegebene und unvermeidliche Phase des Lebens begleiten zu können. Mit Hilfe der Reiki-Selbstbehandlung können Sterbende ihre Autonomie zum Ausdruck bringen und sich selbst bei ihrem Weg unterstützen. Mit Hilfe von Reiki können sie ihre Schmerzen lindern, so daß sie weniger Schmerzmittel brauchen, infolgedessen das Geschehen bewußter verfolgen und wichtige Interaktionen zu einem befriedigenden Abschluß bringen. Die typischen Merkmale jener letzten Lebensphase – körperliche Schwäche, Konzentrationsmangel und depressive Stimmung – behindern allesamt nicht die

Fähigkeit eines Menschen, sich selbst Reiki zu geben, da sie dazu lediglich ihre Hände auf ihren Körper zu legen brauchen. Wenn Sterbenskranke sich selbst Reiki geben können, vermögen sie auch dann etwas zur Erfüllung ihrer Bedürfnisse zu tun, wenn kein anderer Mensch erreichbar ist – beispielsweise nachts. Und gerade in solchen Zeiten werden die Empfindungen der Traurigkeit oder Angst oft stärker.

Ebenso heilsam wirkt Reiki auf Familienmitglieder und Freunde von Sterbenden. Das Gefühl der Hilflosigkeit, das sich in dieser Situation ausbreiten kann, wird erträglicher für sie, wenn ihnen bewußt ist, daß sie sogar unmittelbar vor dem Tod noch etwas tun können: Statt angsterfüllt die Hände zu ringen, können sie einander oder sich selbst Lebensenergie geben. Dadurch können sie die Traurigkeit in liebevolle Zuwendung verwandeln. Das Fließen der universellen Lebenskraft, das sie auf diese Weise fördern, beruhigt sowohl die Trauernden als auch den Sterbenden. Die Verringerung der Angst hilft sowohl dem Sterbenden als auch den anwesenden Verwandten und Freunden, den bevorstehenden Tod zu akzeptieren. Dauert diese letzte Lebensphase eines Menschen viele Wochen lang, kann dies für die Familienmitglieder und Freunde des Sterbenden eine ungeheure Belastung sein. In solchen Fällen ist die Möglichkeit, sich selbst und den übrigen Betroffenen Reiki-Behandlungen geben zu können, eine große Hilfe.

Die mittlerweile ältere Generation des Baby-Booms fordert heute einen bewußteren Umgang mit dem Prozeß des Alterns und Sterbens. Die bevorstehenden großen Veränderungen in der Bevölkerungsstruktur der USA könnten einen kulturellen Wandel einleiten, der eine intensivere Erforschung und Würdigung jener wichtigen Erfahrungen ermöglicht, mit denen der Tod eines Menschen uns konfrontiert. In dem Maße, wie sich die Erkenntnis durchsetzen wird, daß der Tod eine heilende und transformierende Situation sein kann, wird auch das Bedürfnis zunehmen, die Erfahrung des Todes für die eigene Entwicklung zu nutzen. Dr. Elisabeth Kübler-Ross hat auf das im Sterbeprozeß enthaltene Heilungs- und Entwicklungspotential ebenso hingewiesen wie Andrea und Stephen Levine. Da unsere Gesellschaft den natürlichen Umgang mit dem Tod verlernt hat, brauchen wir Werkzeuge, die uns darin unterstützen. Ein solches Werkzeug ist Reiki. Nahe Verwandte und Freunde, die einen Sterbenden auf seinem Weg begleiten, fühlen sich oft unbeholfen, insbesondere wenn sie versuchen, ihre Gefühle in Worte zu kleiden. Die heilende Kraft der Reiki-Berührung befreit von der Last, die eigenen Gefühle in Worte kleiden zu müssen, um sie zum Ausdruck bringen zu können. Die Berührung und die Reiki-Behandlung vermitteln tiefe Verbundenheit und Liebe auch ohne Worte.

Wenn unsere Kultur sich in stärkerem Maße der Ganzheit allen Lebens bewußt wird, werden die Menschen im Umgang mit der letzten Heilungsmöglichkeit im Leben freier werden, und sie werden dieses Ereignis dann sogar feiern. Sterbende und die Menschen, die ihnen nahestehen, werden dann über menschlichere Mittel verfügen, als aggressive medizinische Behandlungsverfahren sie bieten. Jene letzten Versuche zur Lebensverlängerung sind oft eine große Belastung für die Sterbenden und verursachen sinnlose Kosten, ohne noch eine Heilung herbeiführen oder auch nur das Wohlbefinden des Patienten verbessern zu können. Diese medizinischen Interventionen, die aus dem unbezwingbaren Gefühl, etwas tun zu wollen, erwachsen, werden häufig von starken Nebenwirkungen begleitet, die dem Patienten zusätzliche Qualen bereiten. Letztlich wird genau das Gegenteil dessen erreicht, was der behandelnde Arzt und die Familie des Sterbenden erreichen wollten. Oft zehren solche unnützen Versuche so sehr an der Lebenskraft des Patienten, daß dieser daran gehindert wird, sich bewußt von seinem Leben zu verabschieden und sein Bewußtsein auszudehnen – die eigentlichen Aufgaben, die ein Mensch in dieser letzten Phase seines Lebens erfüllen sollte. Jack McCue schreibt: »Wenn wir bei Patienten, die sich infolge des Alterungsprozesses oder infolge unheilbarer Krankheiten offensichtlich ihrem Tode nähern, den Sterbeprozeß als eine eigenständige Diagnose verstehen, so eröffnet uns dies die Möglichkeit, uns gezielt um die spirituellen Bedürfnisse des Patienten zu kümmern und eine lindernde Behandlung einzuleiten. Dies geschieht bei einer vorwiegend medizinischen Sicht des Sterbevorgangs gewöhnlich nicht in ausreichendem Maße.«[16] Wenn wir das Sterben als eine letzte wichtige Lebensphase verstehen und akzeptieren, können wir statt weiterer Behandlungsversuche mit invasiven medizinischen Verfahren, die ohnehin zu nichts mehr führen, Reiki und andere lindernde Alternativtherapien einsetzen und die letzten Tage und Stunden des Sterbenden so angenehm wie möglich gestalten. Dies eröffnet außerdem der Familie und den Freunden des Sterbenden die Möglichkeit, unterstützend mitzuwirken, und eine solche aktive Teilnahme am Geschehen hilft allen Beteiligten, dem Tod mit Gewahrsein und Mut zu begegnen. Sterbende sollten gehört und ihre Bedürfnisse sollten akzeptiert werden. Begleiten wir sie auf ihrem Weg mit Würde.

VISION: REIKI UND DIE MENSCHLICHE EVOLUTION

Obgleich sich nicht leicht erklären läßt, was Reiki ist und wie es wirkt, ist es einfach, seine Wirkung zu erfahren, und dies eröffnet uns einen Zustand höchsten Wohlbefindens. Wir sind in diesem Buch für die Verbindung der besten Elemente aus Schulmedizin und alternativem Heilbereich eingetreten. Dadurch könnte ein hochwirksames System der Gesundheitsfürsorge entstehen, das nicht nur der Beseitigung von Symptomen und Krankheiten dient, sondern auch den gesundheitlichen Allgemeinzustand und die ganzheitliche Entwicklung des Menschen fördert. Die Weisheit und Kraft dieses Ansatzes lassen sich an der Geschichte Nathans veranschaulichen, eines dreijährigen Jungen, der an einem sehr seltenen, stabförmigen Nierentumor litt. Eine achteinhalbstündige Operation war erforderlich, um die Niere samt dem Tumor zu entfernen. Nach einjähriger Chemotherapie in Verbindung mit anderen konventionellen und alternativen Behandlungsmaßnahmen einschließlich Reiki ist Nathan nach Auskunft seiner Ärzte der einzige Überlebende von 29 derartigen Fällen, die seit 1988 in den USA registriert wurden. Die einzige Nebenwirkung, die bei ihm auftrat, war Haarausfall. Doch wurde keines der ansonsten häufig auftretenden Probleme wie Mundentzündungen, Hör- und Sehstörungen oder Verdauungsschwierigkeiten festgestellt. Bei der letzten Untersuchung war keinerlei Anzeichen für Krebs mehr zu finden, und es lag auch keine Entzündung der Lymphknoten vor. Nathan ist mittlerweile vier Jahre alt, hat gelernt, selbst Reiki-Behandlungen zu geben, und besucht eine Vorschule. Reiki war unter all den Behandlungsmethoden, die seine Genesung herbeiführten, ein wichtiges Element.

Das Zeitalter der Energiemedizin ist angebrochen. *Wie* sie wirkt, entzieht sich zwar noch weitgehend unserer Kenntnis, doch *daß* sie wirkt, kann wohl als vielfach erwiesen gelten. Die Einbeziehung von Reiki in die konventionelle medizinische Behandlung unterstützt nicht nur die Heilung, sondern erleichtert auch den Umgang mit unheilbaren Krankheiten. Weil Reiki die Selbstheilungsfähigkeiten des menschlichen Körpers fördert, kann die Einbeziehung dieser Methode in die medizinische Behandlung und tägliche Selbstbehandlung der Kranken zu erstaunlichen Heilungen führen. Zwar haben wir die Wirkung von Reiki bisher mit dem Begriff der universellen Lebenskraft oder von *Chi* erklärt, doch könnte man ebenso von bedingungsloser Liebe sprechen. Wenn Menschen zum erstenmal mit Reiki in Berührung kommen, wird ihnen oft klar, daß Reiki Liebe bedeutet. Und Liebe ist die universelle heilende Kraft.

Weil Reiki sich praktisch in jeder Situation geben läßt, können wir mit Hilfe dieser Methode die universelle Lebenskraft überall wirksam werden lassen, wo sie benötigt wird, um das innere Gleichgewicht eines Menschen wiederherzustellen. Reiki eröffnet uns die Möglichkeit, eine immer größere geistige Klarheit, emotionale Stabilität und körperliche Gesundheit zu erreichen.

Die Reiki-Energie unterstützt uns darin, Entscheidungen zu treffen, die unsere Entwicklung ebenso fördern wie unseren Ausdruck in der Arbeit, zu der wir geboren sind, auf daß wir der Ganzheit immer näherkommen.

Trotz aller unserer technologischen und wissenschaftlichen Fortschritte nutzen wir immer noch nicht das gesamte Potential, über das wir als Menschen verfügen. Reiki hilft uns, das riesige Wissensreservoir unserer inneren und äußeren Welt nutzbar zu machen. Durch die heilende Reiki-Berührung gelingt es unserem kollektiven Unbewußten, sich jenes Urinstinkts zu erinnern, dessen Wiederbewußtmachung so wichtig für die Menschheitsentwicklung ist. Wenn wir eine Verbindung zwischen unserem sensorischen Gewahrsein und unserem intellektuellen Wissen herstellen, treten wir in einen Zustand tiefer Resonanz mit uns selbst und anderen ein. Wir erfahren dann mit Hilfe unseres physischen Körpers die Realität der Quantenphysik. Denn jede Zelle unseres Körpers schwingt in einer bestimmten Frequenz; und auch die übrigen Bestandteile des lebenden und nicht-lebenden Universums haben jeweils ihre eigene Schwingung. Wenn wir uns dieser Schwingungen bewußt werden, werden wir auch unserer Verbundenheit mit allem, was ist, gewahr. Dadurch entsteht ein Gefühl der Harmonie, das für alle Menschen auf diesem Planeten unverzichtbar ist. Mit Hilfe von Reiki können wir ein tieferes Verständnis unserer Existenz als Menschen entwickeln. Reiki hilft uns, uns selbst besser kennenzulernen und uns anzunehmen, und es fördert unsere Fähigkeit, anderen und uns selbst gegenüber mitfühlend zu sein. Wenn wir durch regelmäßige Reiki-Arbeit unser Selbstgewahrsein steigern, können wir zur höchsten Erkenntnis gelangen: zu der Erfahrung, daß wir selbst universelle Lebenskraft sind.

Die Erfahrung unserer authentischen Kraft eröffnet uns die Möglichkeit, auf neue Weise zur Welt in Beziehung zu treten. Nachdem wir unsere eigene Ganzheit erfahren haben, benötigen wir nicht mehr die Hilfe anderer, um das Gefühl innerer Erfüllung zu erleben. Wir sind dann in der Lage, andere so zu akzeptieren, wie sie sind, ohne sie beherrschen oder manipulieren zu wollen. Aus der Fülle heraus verspüren wir das natürliche Bedürfnis, unsere kreativen Energien und unsere Ideen zu unserem eigenen Besten und zum Wohle anderer zu nutzen. Wenn wir Reiki im Bewußtsein dessen einsetzen, daß die Transformation ohne unser Zutun geschieht, verlagern wir den Schwerpunkt vom Tun auf das Zulassen und Sein. Im Gewahrsein des Augenblicks liegt eine ungeheure Kraft. Weil wir Menschen ein Mikrokosmos des Universums sind, wirken wir, wenn wir Reiki benutzen, um uns selbst zu nähren, auch harmonisierend auf unsere Umgebung. So können wir alle mit Hilfe von Reiki die Evolution des Planeten Erde unterstützen.

Behandlungssequenz für die Reiki-Selbstbehandlung

*D*ie in diesem Anhang abgebildeten und beschriebenen Handpositionen entsprechen der traditionellen Reiki-Selbstbehandlungssequenz. Diese Sequenz bildet eine Art Grundstruktur, der Sie nach Ihren Bedürfnissen weitere Handpositionen hinzufügen können. Die hier beschriebenen Reiki-Positionen können ihre volle Wirkung nur entfalten, wenn Sie die Reiki-Initiationen empfangen haben.

Die Hände ruhen auf dem Kopf; die Fingerspitzen beider Hände berühren sich.

Die Hände ruhen sanft auf den Augen; die Finger sind geschlossen; die Hand ist leicht gewölbt; die Fingerspitzen liegen am Haaransatz auf der Stirn; die Handflächen bedecken die Augen.

164

Die Hände befinden sich an beiden Seiten des Kopfes; die Finger bedecken die Schläfen; die Handflächen liegen auf dem Unterkiefer; die Daumen befinden sich hinter den Ohren. Als Variante können die Ohren bedeckt werden.

Die Hände umfassen die Rückseite des Kopfs an der Schädelbasis und liegen horizontal. Eine Hand befindet sich über der Hinterhauptswulst und ruht auf der anderen Hand, die sich unterhalb befindet.

Die Hände bedecken die Kehle; die Handwurzeln berühren sich, und die Finger umfassen den Hals.

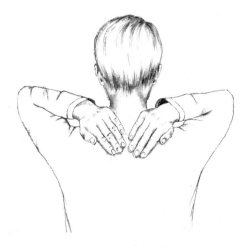

Die Hände bedecken die Schulterpartie in der Nähe des Nackens.

166

Die Hände bilden ein T, wobei die linke Hand das Herz bedeckt und die rechte den Bereich der Thymusdrüse.

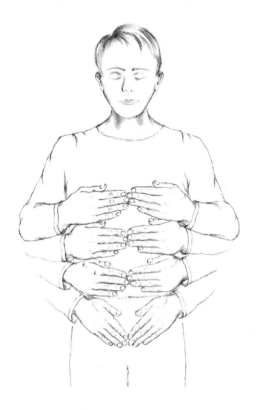

Die Hände bedecken horizontal den oberen Teil des Rumpfs, wobei die Fingerspitzen beider Hände sich berühren. Anschließend nehmen die Hände in gleicher Weise die Position unterhalb ein. Dies wird so lange wiederholt, bis der gesamte Rumpf bedeckt worden ist. Den Abschluß bildet eine V-förmige Handhaltung im Beckenbereich.

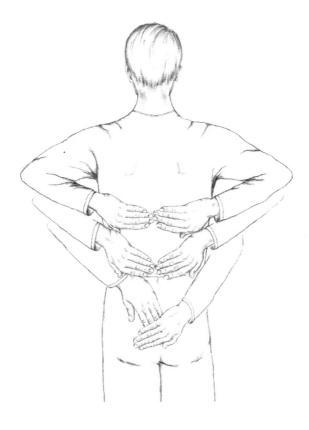

Die Hände liegen oberhalb der Taille horizontal auf dem Rücken, wobei die Fingerspitzen beider Hände sich berühren. Dies wird etwas weiter unten auf dem Rücken wiederholt, bis der gesamte Rücken auf diese Weise bedeckt worden ist. Diesmal bildet eine umgekehrte T-Haltung über dem untersten Punkt der Wirbelsäule den Abschluß.

169

ANHANG II

Reiki-Behandlung für andere

*D*ie in diesem Anhang beschriebenen Handpositionen bilden die traditionelle Reiki-Sequenz zur Behandlung anderer Menschen. Die Sequenz ist als eine Art Gerüst zu verstehen, das je nach den spezifischen Erfordernissen teilweise oder vollständig abgewandelt werden kann. Die Arbeit mit dieser Sequenz ist nur wirksam, wenn Sie die Reiki-Initiationen empfangen haben.

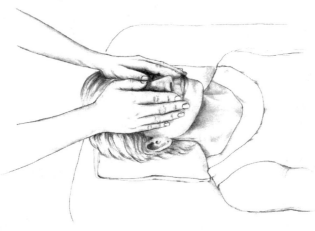

Kopf

Ihre Hände ruhen sanft über den Augen des Empfängers; Ihre Daumen berühren sich; die Handballen liegen auf der Stirn, die Finger auf den Wangenknochen.

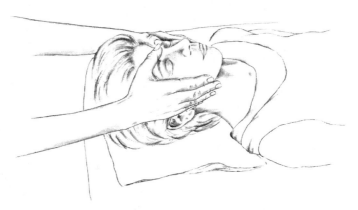

Die Hände werden auf die Seiten des Kopfs gelegt; die Handflächen bedecken die Schläfen, die Finger die Kiefer. Als Variante können auch die Ohren bedeckt werden.

172

Die Hände umfassen eng zusammenliegend den Hinterkopf, wobei sich die Fingerspitzen am Hinterhaupt befinden.

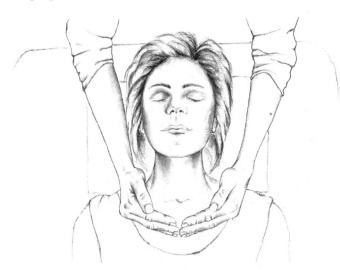

Die Außenkante der Hände ruht auf dem Schlüsselbein, im Winkel von 45 Grad zur Kehle.

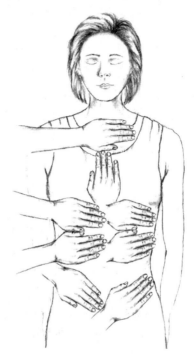

Vorderseite des Körpers

Die Hände ruhen nebeneinander auf der linken Seite des Solarplexus unterhalb des Brustbeins.

Die Hände ruhen nebeneinander auf der rechten Seite des Solarplexus.

Die Hände ruhen auf dem Unterbauch, wobei die Fingerspitzen der rechten Hand auf der Innenseite der linken Hüfte und der Handballen der linken Hand auf der Innenseite der rechten Hüfte liegen. Die Fingerspitzen der linken Hand berühren den Handballen der rechten Hand.

Die linke Hand liegt horizontal am oberen Rand der Brust und bedeckt die Region der Thymusdrüse. Die rechte Hand liegt senkrecht zur linken über dem Herzen, wobei die Fingerspitzen der rechten die linke Hand berühren.

174

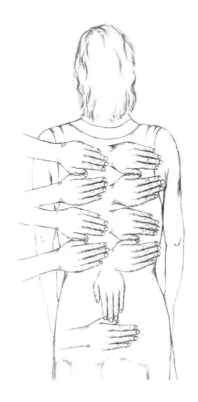

Rückseite des Körpers

Die Hände bedecken den oberen Teil des rechten Schulterblatts.

Die Hände bedecken den oberen Teil des linken Schulterblatts.

Die Hände bedecken die rechte Seite des Mittelrückens.

Die Hände bedecken die linke Seite des Mittelrückens.

Zum Abschluß bedecken die Hände das Steißbein, wobei sie ein umgekehrtes T bilden.

Anmerkungen

1 Peabody, F. W.: *Journal of the American Medical Association* 88 (1927): 877-82.

2 Remen, R.: »Working in the Gray Zone: The Dilemma of the Private Practitioner«, in: *Advances* 7 (1991); 3.

3 Dossey, L.: »Whatever Happened to Healers?« in: *Alternative Therapies* 1 (1995): 5.

4 Chopra, Deepak: *Ageless Body, Timeless Mind*. New York: Crown, 1993, 5.

5 Eisenberg, David, et. al.: »Unconventional Medicine in the United States«, in: *New England Journal of Medicine* 328, Nr. 4 (1993): 246-52.

6 Wetzel, Wendy S.: »Reiki Healing: A Physiologic Perspective and Implications for Nursing«. Magisterarbeit, vorgelegt an der Sonoma State University, 1988.

7 Gerber, Richard: *Vibrational Medicine*. Santa Fe, N.M.: Bear and Company, 1988, 371.

8 Brennan, Barbara Ann: *Hands of Light*. New York: Bantam, 1987, 40.

9   Eisenberg, David, et al.: »Unconventional Medicine in the United States«, in: *New England Journal of Medicine* 328, Nr. 4 (1993), 246-52.

10 National Institutes of Health, Technology Assessment Conferences Statement, Integration of Behavioral and Relaxation Approaches into the Treatment of Chronic Pain and Insomnia, October 16-18, 1995.

11 University of Arizona School of Medicine, Center for Integrative Medicine, Briefwechsel im Oktober 1995.

12 Ebenda.

13 Brown, Chip: »The Experiments of Dr. Oz«, in: *New York Times Magazine* (July 30, 1995): 21-23.

14 Ebenda.

15 Broschüre des Wellspring Cancer Help Program

16 McCue, Jack: »The Naturalness of Dying«, in JAMA 273, Nr. 13 (1995): 1039-1043.

Literaturempfehlungen

Baginski, B.J., und Sharamon, S.: *Reiki – Universale Lebensenergie*; Synthesis, Essen 1985.

Borysenko; Joan: *Gesundheit ist lernbar*; Scherz, München 1989.

Brennan, B. A.: *Licht-Heilung*; Goldmann, München 1995.

ders.: *Licht-Arbeit*; Goldmann, München 1991.

Brown, Fran: *Reiki Leben*; Synthesis, Essen.

Capra, F.: *Das Tao der Physik*; Scherz, München 1983.

ders.: *Der kosmische Reigen*; Barth, 1977.

Chopra, Deepak: *Die unendliche Kraft in uns*; BLV, München 1992. (Von Deepak Chopra sind verschiedene Titel in deutscher Sprache erhältlich)

Dossey, Larry: *Die Medizin von Raum und Zeit*; Rowohlt, Reinbek 1987.

ders.: *Wahre Gesundheit finden*; Knaur, München 1991.

ders.: *Heilende Worte*, Verlag Bruno Martin, 1995.

Joy, W. Brugh: *Weg der Erfüllung*; Ansata, Interlaken 1987.

Kabat-Zinn, Jon: *Gesund und streßfrei durch Meditation*; Scherz, München 1991.

Levine, Stephen: *Sein lassen – Heilung im Leben und im Sterben;* Gries, Bodewig, Kamphausen, 1992.

Moyers, Bill: *Die Kunst des Heilens;* Goldmann, München 1996.

Myss, Carolyn, & Shealy, Norm: *Auch du kannst dich heilen;* Lavedo, 1994.

Sogyal Rinpoche: *Das Tibetische Buch von Leben und Sterben;* O.W. Barth/Scherz, München 1993.

Siegel, Bernie S.: *Liebe, Medizin und Wunder;* Econ, Düsseldorf 1991.

ders.: *Mit der Seele heilen;* Econ, Düsseldorf 1995.

ders.: *Prognose Hoffnung;* Econ, Düsseldorf 1996.

Zukav, Gary: *Die tanzenden Wu-Li-Meister;* Rowohlt, Reinbek 1981.

The Reiki Healing Connection

*I*hr Körper kann sich selbst heilen. Doch ist die Fähigkeit, die körpereigene Heilkraft zu nutzen, in unserer Gesellschaft in Vergessenheit geraten. Reiki ermöglicht es Menschen, zu ihrer Heilkraft in Beziehung zu treten, um die körperliche, mentale und emotionale Ebene ihrer Existenz zu harmonisieren. Aufgrund unserer persönlichen Erfahrung, daß Reiki sich positiv auf das menschliche Wohlbefinden auswirkt, haben wir es uns zur Aufgabe gemacht, diese Methode allen zugänglich zu machen, die auf der Suche nach Ganzheit, Liebe und Verbundenheit sind.

Wenn Sie Informationen über Reiki-Kurse erhalten oder selbst einen solchen Kurs veranstalten wollen, wenden Sie sich bitte an örtliche Reiki-Meister* oder in englischer Sprache an uns:

Libby Barnett, MSW, und Maggie Chambers
The Reiki Healing Connection
633 Isaac Frye Highway, Wilton, NH 03086
Tel.: (603) 654-2787, Fax: (603) 654-2771
Email: reiki@jlc.net, Web page: http://www.jlc.net/reiki

* Eine Liste von deutschsprachigen Reiki-Praktikern und Reiki-Meistern finden Sie im Buch von B. Baginski/S.Sharamon »REIKI – Universale Lebensenergie«.

Persönliche Aufzeichnungen

PERSÖNLICHE AUFZEICHNUNGEN

B. Baginski/S. Sharamon
REIKI – Universale Lebensenergie
Mit diesem ersten Buch zum Thema wurde und wird Reiki in der ganzen Welt bekannt. Eine Wiederentdeckung aus der jahrtausendealten Tradition des natürlichen Heilens, die sich zu einer echten Volksheilkunst entwickelt.
16. Auflage! Mit neuem ausführl. Adreßteil, 240 S., kt., illustriert,
ISBN 3-922026-35-4

Fran Brown
REIKI Leben
Großmeisterin Takatas Lehren
Diese Geschichten aus dem Leben von Hawayo Takata geben
Aufschluß über das Heranwachsen dieser Meisterin und über ihr
tiefes Vertrauen in die Lebensenergie.
176 Seiten, kart., zahlreiche Abbildungen,
ISBN 3-922026-71-0

Diane Stein
Reiki-Essenz
Reiki ist eine alte und absolut einfache Heilmethode, die durch Händeauflegen wirkt. Im Westen unterlag Reiki lange Zeit der Geheimhaltung. Reiki-Essenz informiert ausführlich über alle drei Grade. Dieses Buch kann zwar die direkte Einweihung in Reiki nicht ersetzen, aber es beschreibt und erklärt, was der Reiki-Heiler und -Lehrer über das System der natürlichen Heilung wissen muß.
216 S., Großformat, kart.,
Medizin & Neues Bewußtsein
ISBN 3-925610-03-0

John C. Pierrakos
CORE ENERGETIK – Zentrum Deiner Energie
Dr. Pierrakos verdeutlicht uns die Wahrnehmung der menschlichen Energiezentren (Chakren) und der verschiedenen uns umgebenden Energiefelder (Auren). Mit seiner Erfahrung als Arzt und Körpertherapeut und seinen außergewöhnlichen Wahrnehmungen entwickelte Dr. Pierrakos ein therapeutisch-medizinisches System der Diagnose und energetischen Behandlung.
320 S., gebunden, zahlr. Vierfarbabbildungen der Energiefelder des Menschen.
ISBN 3-922026-74-5

John C. Pierrakos
Eros, Liebe & Sexualität
Die Kräfte, die Frau und Mann vereinen
Eros ist die transformierende Kraft des Lebens, Liebe die vereinende und Sexualität die schöpferische Kraft – der Ausdruck unserer physischen Natur. Sie erfordern, daß wir uns auf unserer Suche nach Erfüllung unablässig der Wahrheit hingeben.

Wenn wir zulassen, daß die Liebe unser Leben durchströmt, spüren wir in unserem Körper eine starke organische Reaktion: Unsere Atmung wird tiefer, unser Herz wird weiter, unser Puls stärker. Der Zustand der Liebe stärkt unseren Körper und unsere Emotionen, wir öffnen uns neuen Perspektiven und werden von einer göttlichen Energie durchtränkt, einer Energie, die die gesamte Existenz durchströmt.
128 S., Paperback, ISBN 3-922026-90-7

Peter Levine
Trauma-Heilung
Die Energien des Lebens wiedererwecken
Levine beschreibt mit bahnbrechenden Einsichten, wie wir die Symptome von Trauma umfassend erkennen, und er zeigt Wege, wie wir diese integrieren und heilen können.

Menschen werden häufig durch scheinbar alltägliche Erlebnisse traumatisiert. Das Buch bringt dem Leser zu Bewußtsein, welche subtilen und dennoch machtvollen Impulse unsere Reaktionen auf überwältigende Ereignisse bestimmen. Zu diesem Zweck werden Übungen erläutert, die uns helfen sollen, auf unsere Körperempfindungen zu fokussieren. Ein gesteigertes Gewahrsein dieser Empfindungen ist der Weg zur Heilung von Traumas.
Ca. 300 S., Paperback, ISBN 3-922026-90-7

Ken Dychtwald
KörperBewußtsein
Dieses Buch begründete die Publizität von Körperarbeit und Spiritualität im deutschsprachigen Raum. Das fachlich allgemeinverständliche, richtungsweisende Buch auf der Selbsterfahrungsreise.
320 S., kart., illustr., ISBN 3-922026-02-8

Debbie Shapiro
LEBENDIG SEIN – Das KörperBewußtsein-Übungsbuch
Das KörperBewußtsein-Übungsbuch lädt Sie ein, neue und anregende Entdeckungen über die Zusammenhänge Ihrer körperlichen und geistig-seelischen Aspekte zu machen. Es zeigt auf, wie konfliktvolle Situationen, Ängste und unterdrückte Gefühle den Körper und seine Funktionen beeinflussen und Fehlfunktionen und Krankheiten auslösen können.
256 S., kart., ISBN 3-922026-78-8

Ernest L. Rossi
Die Psychobiologie der Seele-Körper-Heilung
Neue Ansätze der therapeutischen Hypnose. Gibt es tatsächlich eine Verbindung zwischen den Genen und der Seele, mit denen unsere Gedanken und Gefühle die Heilung unterstützen können? Ja, sagt der Autor, und führt uns in die faszinierende Welt der Psychobiologie ein.
340 S., geb., ISBN 3-922026-64-8

Dr. Malcolm Brown
Die heilende Berührung
Die Methode des direkten Körperkontaktes in
der körperorientierten Psychotherapie
Dieses Buch führt zu theoretischer Klarheit und zum praktischen Verständnis einer Yin/Yang-Körper-therapiemethode, eingebettet in eine grundlegende, humanistische, tiefgehende Art der Behandlung.
340 S., 30 Abb., geb., ISBN 3-922026-17-6

Ulrich Sollmann (Hrsg.)
Bioenergetische Analyse
Autoren und Themen: A. Lowen: Der Wille zu leben und der Wunsch zu sterben; R. Steiner: Die energetische Verbindung von Körper und Geist; u. a.
252 Seiten, ISBN 3-922026-05-2

Robert Stamboliev
Den Energien eine Stimme geben
Transformationsarbeit im Voice-Dialogue
In der Voice-Dialogue Methode werden Energiemuster des Menschen als eigene Persönlichkeiten angesprochen und aktiviert – den Energien wird eine Stimme gegeben, sich mitzuteilen. Durch die persönlichen Beispiele und Beschreibungen energetischer Übungen gibt der Autor eine anschauliche Darstellung, wie Voice-Dialogue in jede Therapieform mit einbezogen werden kann.
112 Seiten, ISBN 3-922026-65-6

Gerda und Mona Lisa Boyesen
Biodynamik des Lebens
Die Gerda-Boyesen-Methode –
Grundlage der biodynamischen Psychologie
Gerda Boyesen verbindet die biodynamische Psychologie, die Freudsche Psychoanalyse und die dynamische Physiotherapie mit der Vegetotherapie und
Organtherapie W. Reichs zu einer Synthese und legte damit die biologische Basis
der Psychodynamik. *200 S., kart., ISBN 3-922026-16-8*

Ron Kurtz
HAKOMI – Körperzentrierte Psychotherapie
Körper und Bewegungen eines Menschen drücken zentrale Anschauungen,
Bedürfnisse, Gefühle und Besonderheiten seines Daseins aus. In Anerkennung
dieser Verbindung beginnt die Methode mit der Arbeit am Körper. Besonderes
Kennzeichen der Hakomi-Methode ist die Anwendung der buddhistischen Prinzipien von innerer Achtsamkeit. Mit ausführlichen Tabellen zur Körperarbeit.
320 S., kart.,
ISBN 3-922026-66-4

Don Johnson
Rolfing und die menschliche Flexibilität
Der Körper ist flexibel, ein fließendes Energiefeld, das vom Moment der Empfängnis bis zum Tode in einem Prozeß der ständigen Veränderung ist.
Inhalt u. a.: Beschreibung von Rolfing-Sitzungen, Rolfing und die anatomischen
Grundlagen, soziales Verhalten und die Auswirkungen auf den Körper ...
164 Seiten, illustriert, ISBN 3-922026-01-X

Robert St. John
METAMORPHOSE – Die pränatale Therapie
R. St. John entdeckte in bestimmten Bereichen der Füße Verbindungen zur vorgeburtlichen Phase, in der Energiemuster unser Sein geprägt haben. Durch eine
sach-gemäße Behandlung des Reflexbereiches der Wirbelsäule an Füßen, Händen
und Kopf werden auf natürliche Weise Sperren und Grenzen des Bewußtseins aufgehoben und die ursprünglichen Kräfte der Psyche wieder freigesetzt.
160 S., kart., illustriert, ISBN 3-922026-25-7

Reuben Amber
Farbe ist Leben
Reuben Amber verbindet sein Wissen um die Theorie und Philosophie der Anwendung von Farbe in verschiedenen Kulturkreisen mit seiner Erfahrung als ganzheitlich denkender Behandelnder. Er gibt genaue Anweisungen zur Diagnose und
Anwendung von Farbe im Umfeld des Menschen, zur Behandlung von Nahrung,

Auswahl von Kleidern und Licht, Heilanwendung mit Farbe und zu ihren Auswirkungen auf die Energiefelder, Auras und Chakren. Besonders das Kapitel zur Behandlung spezieller Krankheiten mit denen ihnen zugeordneten Farben gibt Ihnen in seiner Einsicht und Ausführlichkeit einen kreativen Ansatz zur praktischen Anwendung und Therapie. *280 S., gebunden, ISBN 3-922026-79-6*

Mary E. Loomis
Tochter ihres Vaters
Die Autorin deckt den inneren Preis auf, den die meisten Frauen zahlen, um den Erwartungen und Erfolgskriterien der männlichen Welt gerecht zu werden. Mit ihrer Erfahrung als Jungianische Therapeutin zeigt sie auf, wie Frauen die Fesseln lösen, ihre verborgene Scham überwinden und damit ihren eigenen Weg finden können. *160 S., kart., ISBN 3-922026-81-8*

Helmut G. Sieczka
CHAKRA-Harmonie
Das Wiederfinden der Lebensfreude und Glückseligkeit
Die Chakren sind die Hauptzentren der menschlichen Vitalenergie. Ihr harmonisches Zusammenspiel ist verantwortlich für die organische und psychische Gesundheit, aber auch für das geistige und spirituelle Wachstum eines Menschen. Durch bewußtes Atmen kann jedes einzelne Chakra gereinigt und neu aktiviert werden. Die Harmonisierung der feinstofflichen Energiezentren durch regelmäßiges Chakra-Atmen unterstützt die Vitalität und stärkt die Abwehrkräfte.
96 S., kart., ISBN 3-922026-80-X

Victor Sánchez
Die Lehren des Don Carlos
Ein Handbuch
Inspiriert von den Büchern Carlos Castanedas und seinen eigenen Erfahrungen im Leben und Lernen mit überlebenden Trägern des Wissens der Tolteken schuf Victor Sánchez zahlreiche Übungen und einen Weg für persönliches Wachstum und spirituelle Entwicklung, wie ihn in dieser praktischen Form niemand vor ihm entworfen hat. Er beantwortet die Suche von Millionen Lesern, die von den Büchern Castanedas fasziniert sind, jedoch darin nicht die Anleitung und klare Wegweisung fanden, die Essenz seiner Lehren in ihrem Alltag anzuwenden.
272 Seiten, kart., ISBN 3-922026-82-6

Belinda Gore
Ekstatische Körperhaltungen
Ein natürlicher Wegweiser zur erweiterten Wirklichkeit
Bestimmte Körperhaltungen tauchen immer wieder in der Kunst und in Artefakten von zeitlich und räumlich weit auseinanderliegenden Weltkulturen auf.

Die Anthropologin Felicitas Goodmann entdeckte, daß Menschen, die diese Haltungen einnehmen, in der Trance ganz ähnliche Erfahrungen machen. Mit klaren Anweisungen und Abbildungen zeigt uns Belinda Gore, eine enge Mitarbeiterin Goodmanns, wie mit schamanischen Haltungen gearbeitet werden kann. Ekstatische Körperhaltungen ist ein Grundlagenbuch für alle, die an Meditation, Schamanentum, Yoga und Körperarbeit interessiert sind.
304 S., Paperback, ISBN 3-922026-83-4

Eva Pierrakos
Der Pfad der Wandlung
Eva Pierrakos war über 20 Jahre Channel für eine Energieexistenz, die sich nur als Guide bezeichnete. Mit der einzigartigen Verbindung von Psychologie, dem Körper und der Spiritualität bieten diese Botschaften eine inspirierende Vision des menschlichen Potentials.
256 S., kart., ISBN 3-922026-70-2

A. Wallace, B. Henkin
Anleitung zum geistigen Heilen
Das Grundlagenbuch zum geistigen Heilen. Erfolgreich durch seine sachliche Beschreibung auf der Grundlage der Erfahrung der Humanistischen Psychologie. Viele Übungen für Anfänger und Fortgeschrittene.
7. Auflage, 240 Seiten, ISBN 3-922026-06-0

David V. Tansley
RADIONIK – Energetische Diagnose und Behandlung
Diese Kunst des Heilens entwickelte sich aus einem Bereich der medizinischen Forschung von Prof. Dr. A. Abrams, der aufzeigte, daß Leben – und somit auch Krankheit – schwingende Energie ist, die energetisch behandelt werden kann. Radionik kann in jeder Therapieform praktiziert werden.
100 S., kart., illustriert, ISBN 3-922026-44-3

David V. Tansley
Der feinstoffliche Mensch
Radionik in der energetischen Behandlung
Radionik ist eine Diagnose- und Therapiemethode, die vorrangig über die feinstofflichen Kraftfelder und Energiezentren zur Untersuchung und Behandlung von Krankheitsursachen führt. Tansley gibt ein einfaches und zugleich praktisch anwendbares Bild der feinstofflichen Anatomie des Menschen, des Informationsträgers unserer Existenz – und damit der Basis für Heilung und Gesundheit.
112 Seiten, kart., ISBN 3-922026-62-1

*J*EMANDEN LIEBEN,
DAS HEISST,
IHN ZUM LEBEN
FÜHREN,
SEIN WACHSTUM
HERAUSFORDERN.

– Die Essenz unseres Verlages

Weitere Informationen zu Büchern und Seminaren erhalten Sie von:

SYNTHESIS

Postfach 14 32 06 · D - 45262 Essen · Fax 02 01 - 51 10 49
e-mail: Synthesis@SynthesisVerlag.com · www.SynthesisVerlag.com